U0330245

大夏书系 | 全国中小学班主任培训用书

如何上好探究式主题班会课

曾容容 / 编著

华东师范大学出版社

·上海·

图书在版编目（CIP）数据

如何上好探究式主题班会课／曾容容编著 . 一上海：华东师范大学出版社，2025.
— ISBN 978-7-5760-5979-3

I. G635.5

中国国家版本馆 CIP 数据核字第 2025PX5697 号

大夏书系 | 全国中小学班主任培训用书

如何上好探究式主题班会课

编　　著	曾容容
副 主 编	陈思思　戴蕾蕾
策划编辑	杨　坤
责任编辑	潘琼阁
责任校对	杨　坤
封面设计	淡晓库

出版发行	华东师范大学出版社
社　　址	上海市中山北路 3663 号　邮编 200062
网　　址	www.ecnupress.com.cn
电　　话	021-60821666　行政传真 021-62572105
客服电话	021-62865537
邮购电话	021-62869887
地　　址	上海市中山北路 3663 号华东师范大学校内先锋路口
网　　店	http://hdsdcbs.tmall.com/

印 刷 者	三河市龙林印务有限公司
开　　本	700×1000　16 开
印　　张	20
字　　数	326 千字
版　　次	2025 年 5 月第一版
印　　次	2025 年 5 月第一次
印　　数	4 100
书　　号	ISBN 978-7-5760-5979-3
定　　价	69.80 元

出 版 人	王　焰

（如发现本版图书有印订质量问题，请寄回本社市场部调换或电话 021-62865537 联系）

编　委　会

编　著： 曾容容

副主编： 陈思思　戴蕾蕾

编　委： 季炜梅　杨　磊　王静静　詹　依　林　佩　徐　哲
　　　　　李远平　陈纯纯　陈星星　王家义　金颖颖　林耀辉
　　　　　倪　然　周建华　胡周茹　朱苗苗　李承豪　杨圆圆
　　　　　林晨依　叶佳惠　胡雪雷　郑回春　徐晓琼　郑嘉伟
　　　　　王　静　王加佳　叶温丹　徐诗依　全　圆　胡曼琪
　　　　　周倩倩　夏佳楠　黄婵媛　应鲁嘉　盛飞飞　谷洁茹
　　　　　郑慧智　徐芳芳　王屿倩　金晓丽

前言 点燃思维的火花，照亮成长的旅程

在教育的百花园中，主题班会课犹如一朵奇葩，散发着独特的芬芳。它不仅是知识的传递，更是思维的碰撞；不仅是情感的交流，更是智慧的启迪。《如何上好探究式主题班会课》一书，恰如一把金钥匙，为我们打开了通向优质班会课的大门。

探究式主题班会课是一场思维的盛宴。在这里，教师不再是知识的灌输者，而是智慧的引路人；学生不再是被动的接受者，而是积极的探索者。每一个问题都是一粒种子，在思维的沃土中生根发芽；每一次讨论都是一场春雨，滋润着求知的心田。这种教学模式，打破了传统的说教式班会课模式，让课堂焕发出勃勃生机。

这本书的编写，以"探究"为核心，通过精心设计的主题和活动，引导学生从被动接受转向主动探索，从单一的知识学习转向多维的能力培养。书中每一个主题班会设计，都融入了探究式学习的理念，旨在激发学生的好奇心，培养他们的批判性思维、创新能力和团队协作精神。

这本书的编写，始终秉持着"以学生为中心"的理念，力求让每一个班会设计都贴近学生的生活，回应他们的真实需求。书中的案例和活动都经过实践的检验，既有理论的支持，也有操作的指导，希望能够为广大教育工作者提供切实可行的参考。

在这个信息爆炸的时代，培养学生的探究精神和创新能力显得尤为重要。探究式主题班会课正是实现这一目标的有效途径。它不仅能帮助学生构建知识体系，更能培养他们的批判性思维和解决问题的能力。这种能力，将伴随学生终身，成为他们应对未来挑战的重要武器。

翻开这本书，您将开启一段奇妙的教育之旅。在这里，您将学会如何设计引人入胜的探究主题，如何组织高效的课堂讨论，如何引导学生进行深度思考。更重要的是，您将领悟到教育的真谛：教育不是灌输，而是点燃火焰；不是填满一桶水，而是点燃一把火。

当然，教育是一项永无止境的事业，探究式学习也并非一蹴而就。这本书只是一个起点，希望它能够激发更多教育者的思考与实践，共同为学生的成长开辟更广阔的空间。

最后，感谢所有为这本书的出版付出努力的人，也感谢每一位读者对教育的关注与支持。愿我们在探究的道路上，携手同行，共同见证教育的无限可能。

目　录
Contents

第三章

健康素养教育

第四章

文明礼仪教育

第五章

爱国主义教育

第六章

文化自信教育

第七章

理想志向教育

第八章

生态文明教育

第一章

公民道德教育

2019 年中共中央、国务院印发了《新时代公民道德建设实施纲要》，其中提出："加强思想品德教育，遵循不同年龄阶段的道德认知规律，结合基础教育、职业教育、高等教育的不同特点，把社会主义核心价值观和道德规范有效传授给学生。"

根据不同年段学生的身心发展特点，我们应该引导小学低段学生从自身出发，培养良好的道德品质；引导小学中高段学生关注个人与他人的关系，学会社会美德；引导初中学段学生关注个人与社会的关系，做到明理遵规等，从而增强社会责任感。

开展公民道德教育主题班会课，帮助学生从"培养良好的道德品质"到"增强社会责任感"到"促进社会和谐发展"逐步进阶，不断提升学生公民道德素质，促进学生全面发展，培养和造就担当民族复兴大任的时代新人。

公民道德教育类主题班会课更侧重方法与情感双轨并进，如何引导学生习得提升公民道德素质的方法、增强提升公民道德素养的意识？为达成这个目标，我们运用分层递进式策略，引导学生自主探索真理、自主解决问题。以《"520"，我爱邻》为例，班会问题设计步骤体现了分层递进的原则。第一层次：创设情境，感知"互为邻"的生活。第二层次：体验情境，深化"慧睦邻"的重要。第三层次：延伸情境，理解"共助邻"的内涵。第四层次：升华情感，坚定"爱家、爱邻、爱国"的信念。在螺旋递进的问题中，学生对提升公民道德素养的意识由浅入深，对践行公民道德的行为的外延由大到小，真正实现了班会课堂内化于心，外化于行。

与"线"交朋友

——规则意识养成主题班会

背景分析 »

　　国有国法，家有家规，规则让生活更美好。一些不遵守规则的现象在学生中时有发生：上下楼梯左右乱行，排队插队，玩游戏不遵守约定……不遵守规则，不仅可能引起口角，还可能引发安全事故，严重时会造成恶劣影响。因此，引导学生养成良好的规则意识刻不容缓。

班会目标 »

　　认知与理解：在学习中，认识并发现生活中的各种"线"，懂得"线"的不同作用，了解"国际一米线"。

　　情感与体验：在活动中，体悟到"线"的重要性，树立珍爱生命线的意识。

　　意愿与行动：在情境中，明了并习得走路的规则，学会做到眼中有线、心中有线、心中有人的方法。

班会准备 »

　　教师搜集校园中的"线"并进行课前调查，布置好楼梯线。

板书设计 »

　　本次课的板书左图对应环节三的内容，右图对应环节五的内容。

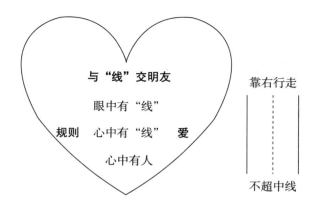

与"线"交明友

眼中有"线"

规则　心中有"线"　爱

心中有人

靠右行走

不超中线

班会过程 >>

◆ 环节一　游戏之中引出"线" ◆

教师用一根线变成不同图案，如降落伞、五角星，让学生体验"变、变、变"的乐趣，引出创设的情境，揭示课题。

引导：真是变化多端的"线"朋友，这节课咱们就来跟"线"交交朋友吧。

设计意图　三年级的孩子都很喜欢交朋友。创设与"线"交朋友这样欢快轻松的情境，由游戏导入，让学生在游戏体验中激发学习的欲望，为感悟"线"的重要性打下情感基础。

◆ 环节二　校园之中初识"线" ◆

1. 寻觅校园的"线"，了解规则

引导："线"朋友还会变化呢，它还变成了什么？

预设：午餐等候线、物品保护线、消防禁止线、楼梯上行线和下行线。

提问：这些"线"朋友都有什么规则呢？

追问：这些"线"朋友告诉了我们什么规则？

预设：

（1）午餐时，要排队等候。

（2）为了消防安全，消防线内禁止放东西。

2. 同桌"会诊"，探查"违规"

（1）创设情境，发现问题。

引导：如果人人都能遵守秩序，那该多美好。可是，这条楼梯线却遇到了烦心事。

提问：仔细看图（图中一群学生正在楼道里上下楼梯），你发现了什么？

预设：①没靠右走。②逆行。

追问：这样走楼梯会有什么后果？

预设：①碰撞、受伤。②可能会造成踩踏事故。

（2）观察数据，发现原因。

学生观察数据，发现班级多数人违反过规则。

提问：这么危险，为什么还有这么多人这样走楼梯？

预设：

①为了赶时间，想要快一点。

②大家都这么做，我也这么做。

（3）联系生活，引发深思。

提问：你有过这样的经历吗？为什么后果这么严重，还要违反规则？

预设：

①我有过，有时下课，大家急着玩游戏，上下楼梯没靠右行，当时没想那么多，只顾着玩了。

②我也有过，有次大课间结束发现自己忘拿外套，从楼梯口逆行下来，结果被人绊倒，牙齿都磕掉了，自此之后，再也不敢违反走楼梯的规则了。

小结：看来，走楼梯的规则看似简单，遵守起来却很难。

设计意图 本环节循序渐进地引导学生建立起对生活中"线"的作用的基本认识。学生自主探究，从观察走楼梯的图片中发现问题，并联系生活实际讨论问题存在的原因。

◆ 环节三　活动之中遵守"线" ◆

1. 游戏体验，眼中有"线"

师：今天我们来玩个游戏，名字叫作"走楼梯"。（在黑板上画楼梯，指示说）这边是 2 楼，现在咱们要经过楼梯到 3 楼。为了方便大家游戏，把楼梯搬到了地面上。吸铁石就代表走楼梯的同学，请同学到黑板来体验。

生体验上楼游戏。

师：原来走楼梯要遵循的第一个规则就是靠右行走。

生体验下楼游戏。

师：你们眼中都有靠右行走这条线，这就是眼中有"线"。

2. 红点探究，心中有"线"

提问：难度升级，老师把刚刚四位同学变成了四个小圆点，刚才他们一个跟着一个排队走，现在他们要经过这条楼梯，还有其他省时间的走法吗？

生在黑板上尝试摆吸铁石的不同方法，并说明理由。

追问：为什么要留出一半的楼梯？

预设：这样下楼的人和上楼的人都能在秩序"线"内安全地行走。

师：原来这里藏着一条中间线，所以走楼梯还要遵守不超中间线的规则。

3. 情景 AB 剧，心中有人

引导：可是，有的楼梯会很窄，你瞧，丽丽和乐乐就发生了这样的事——

A 剧：

丽丽：哎呀，我的大提琴太重了，你赶紧让我先过去吧。

乐乐：不行不行！我也赶时间，迟到了老师要扣分的。

同桌交流他们该怎么办。

学生根据大家的建议再来演绎 B 剧，即赶时间的情况下如何省时间、方便，且更安全、更文明地走楼梯。

4. 校内延伸，拓展规则

提问：在校园生活中，你们还能想到哪些规则？

预设：借书的时候、打饭的时候、借器材的时候、出操的时候……

小结：守秩序的"线"特别美，规则让我们的校园生活更美好！

设计意图 游戏、红点探究、情景 AB 剧、校内延伸体验活动分层递进，让学生体会到走楼梯的规则看似简单，遵守起来却不容易。不断激活学生遵守"线"的强烈意识，明了做到"眼中有'线'""心中有'线'""心中有人"的方法。

◆ 环节四　校园之外升华"线" ◆

1. 联系生活，内化规则

提问：走出校门，来到马路上，来到社区里，这些"线"朋友还会发挥哪些作用？

预设：

（1）双黄线，告诉我们不允许越线行驶。

（2）禁停线，告诉我们不可以停车。

师：原来，这些有形的"线"不仅告诉我们校园内的规则、秩序，也告诉我们校园外的规则。

2. 游戏体验，升华规则

师：这些秩序"线"是看得见的，还有很多看不见的"线"。接下来，我们来玩一个找"线"的游戏。假如你在这些场合，你（用贴小红点的方式表示）会排在哪条线上？

学生分组讨论这样贴的理由。

师：认识"国际一米线"。心理学研究表明，人与人的安全距离是一米，超过这个距离，人们的心理就会觉得相对紧张，感觉到个人安全和隐私受到了侵犯，这就是国际一米线，同学们，你们了解了吗？

3. 情境辨析，价值渗透

场景1：一天，乐乐上学快要迟到了，可是遇到了红灯，乐乐想闯过去。

场景2：妈妈公交车坐过了站，要求司机中途停车让她下车。

提问：接下来，让我们进入情境判断。乐乐和妈妈的做法对吗？

预设：

（1）不可以，会发生危险。

（2）不可以，坐公交车就是要到站了下车，中途停车会违反交通规则，有安全隐患。

师：当你违反规则，就是对生命不负责任。

场景3：载着重伤病人的救护车闯红灯，一闯而过。

提问：救护车可不可以闯红灯？

预设：

（1）不可以，闯红灯会发生危险。

（2）可以闯，救护车是要救人命的。

师：《道路交通安全法》规定，在确保安全的情况下，救护车是可以不受信号灯的限制的。因为在生命面前，规则也会给它开辟绿色通道。

4. 图片展示爱的规则

图片1：医院有专门的绿色通道，为重伤患者开通生命的通道。

图片2：消防车有自己的通道，大家都为它们让道。

图片3：动车站有绿色通道，为特殊群体提供便利，这就是爱的通道。

师：“线”是一种规则，“线”是一种责任，“线”更是一种爱。

5. 连接校园，畅想文明

出示晨读、排队、出操、道路、图书馆、电影院的有序照片。

引导：当你眼中有“线”时，晨读安静了，排队有序了；当你心中有“线”时，出操整齐了，道路通畅了；当你心中有人时，图书馆里温暖了，电影院里更文明了。

设计意图 “情境辨析”活动，让学生从校园中的“线”关注到校园外的“线”，感悟到遵守校园规则，是为了更好地遵守生活中的规则。通过连接社会与校园的图片，让学生感受到遵守规则后，有序的生活是多么美好。

◆ 环节五　生活之中坚守“线” ◆

1. 回顾整理，强化方法

师：今天我们学习了与“线”交朋友，要做到眼中有“线”、心中有“线”、心中有人，因为规则让生命更美好。

2. 课后延伸，内化规则

师：一周以后，我们来交流：咱班的守线达人是谁？谁都跟哪些“线”交上了好朋友？

3. 实际操练，践行规则

师：课后走出教室、上下楼梯，咱们要记得——靠右行走，不超中线。

设计意图 一堂课的增量不能仅限于判断行为的对错，还需要让学生有迁移运用，有精神层面的提升。因此，通过寻找守线达人，延伸至课外，让学生养成习惯。

学做小小调音师

——公共空间主题班会

背景分析 >>

在公共空间活动时，学生在一定程度上缺乏自觉控制音量的意识，缺少使用合理音量的常识。在不同场合、承担不同角色时，控制自己的音量，体现了一个人的文明程度。树立音量分级意识，培养讲文明、守公德，提升道德素养和社会责任感，有利于社会秩序性的发展。

班会目标 >>

认知与理解：发现公共生活中存在的不文明的声音现象。

情感与体验：感受生活中不文明的声音现象所带来的消极影响。

意愿与行动：树立音量分级意识，习得并践行简单的声音礼仪。

班会准备 >>

教师设计六级音量宝宝、小小调音卡。

板书设计 >>

本次课的板书对应环节二、三、四的内容。

公共场合讲礼仪，安静标识需注意	5级 📢 放声说

小小手势表心语，轻声细语要牢记 — 4级 📢 大声说

地点时间要分清，角色需求我能行 — 3级 📢 平常说

发声常为他人想，恰当音量最文明 — 2级 📢 小声说

争做文明小使者 — 1级 📢 悄悄说

0级 📢 静无声

班会过程 ▶▶

◆ 环节一 调查分析，直击问题 ◆

1. 观看视频，发现问题

场景1：下课的时候，走廊里有大声尖叫的声音。

场景2：午休静校时间，有同学回到座位的时候发出很大的声音。

场景3：上台演讲的时候，演讲人声音很轻，而台下一片喧闹。

提问：你们发现视频中有哪些不合适的音量？给你们什么样的感受？

预设：

（1）走廊太吵，午休太吵，别人发言我听不清。

（2）音量太大或者太小，不合适的音量都会让人感到不舒服。

2. 调查归类，寻找原因

课前以"身边那些让我不舒服的音量"为主题对学生进行问卷调查。教师呈现调查结果，学生谈发现。

预设：

（1）这些日常生活中让人不舒服的音量有大有小。

（2）让人不舒服的音量大多是人为产生的。

过渡：不合适的音量既然是人为产生的，那就从"我"开始，学做小小"调音师"。

设计意图 通过调查、分析，帮助学生清晰地认识到不合适的音量来源，从而让学生形成控制音量的自觉意识。

◆ 环节二 "调音师"知音量 ◆

1. 音量宝宝排排序

引导：老师按照生活中的发声情况，大致将音量分成了六个音量宝宝。
出示六位音量宝宝的形象和对应音量级别：

2. 用仪器，知音量

请学生根据音量宝宝的描述发出各种声音，并使用音量分贝仪进行测试，通过具体数值感知自己的音量。

3. 课中操，知音源

课中操引导学生发现声源可以来自身体的各个部位。

引导：音量宝宝不仅跟嘴巴是好朋友，小朋友身上也会有音量宝宝的身影。他们跑到小朋友的手里了，会发出什么样的声音呢？（示范：拍手、敲门）跑到小朋友的脚上了（踩脚、踩地），跑到同桌的肩膀上了！

设计意图 以声音家族的五个音量宝宝的角色为载体，创设情境，让学生在情境体验中树立音量分级意识，通过音量分贝仪和课中操来帮助学生初步感知音量的大小以及发声源的多样。

◆ 环节三 "调音师"知礼仪：看地点、辨时间、分角色 ◆

1. 绘本阅读，文明音量"我"来判

绘本《好大声的书》节选

自习时间擤鼻涕，好大声。

电影院里糖果纸，好大声。

图书馆弹珠掉了一地，好大声。

蒂莉姑妈的乐队表演，好大声。

绘本里音量宝宝到了不同地方，请学生判断音量是否合适。

师：原来不同的地方需要不同的音量宝宝呢！

2. 趣味活动，音量冲突"我"能行

马上就要体质达标运动会了，周三晚上在家里……

学生 A 在跳绳，学生 B 在打篮球。

学生 A 的妈妈：晚上 10 点钟啦，快去睡觉吧！

学生 A：我要再练一会儿！

学生 B 的妈妈：该睡觉了！

学生 B 的邻居：（敲门）你们家咚咚咚声太吵了！我们要休息了。

学生 B：我在家里完成体育作业，可是妈妈也叫我，邻居也说我，我到底错在哪儿了呢？

请现场的学生指出错误之处。

师：即使是私人场所，也应该注意控制音量，不可以打扰到他人。晚上在家锻炼，时间不合适、场地不合适。

课堂上，老师正在布置小组合作学习。讨论正在热烈进行中……

学生 A：这个问题我觉得应该是这样……（小声说）

学生 B：不对不对，这肯定是错的。（平常说）

学生 C：你们先听我说呀！（平常说）

学生 D：你们这么大声干吗！老师说我们应该小声说！（大声说）

学生 B：你都这么大声啊！（大声说）

学生 C：你最吵了！（大声说）

学生观表演，谈发现。

预设：

（1）课堂讨论应该是小声说的音量。

（2）提醒别人还这么大声，就更吵了！

师：D 同学能够认识到小组讨论的时候应保持小声说的音量，而且主动去提醒别人，很好！但无论是参与者还是提醒者，我们都应该选用恰当的音量。

请学生情景再现，演一演：如果你是 D 同学，你会怎么做?

3. 制作转盘，恰当音量最文明

课件出示：

活动要求

四人小组合作，把具体情境贴到相应的音量级别中，完成文明音量大转盘。

现场反馈：每四人组成一个小组讨论。

分享交流：小组汇报音量转盘分类结果。

为讨论时采用合适音量的小组点赞。

请学生转动转盘，指针指向几级音量，学生就进入几级的场景，现场实践。

具体情景设计

0 级音量静无声：午休时间。

1 级音量悄悄说：午休时间进教室推椅子。

2 级音量小声说：小组讨论。

3 级音量平常说：上课发言。

4 级音量大声说：舞台上大合唱。

5 级音量放声说：操场上加油呐喊。

师：根据场合、角色选用恰当的音量，是知文明、懂礼仪的表现。

设计意图 通过自制情景素材，以情景剧的方式呈现音量使用的矛盾点，引发学生内在思考。学生根据习得的方法以小组合作的方式现场实践，在课堂上落实从"知"到"行"的目标。

◆ 环节四 "调音师"促文明，小小办法来提醒 ◆

1. 观赏视频，看标识

四个人在图书馆阅读，有两个小朋友忍不住大声交谈起来，其他小朋友瞪着眼睛非常不满，其中一位小朋友提醒他们看墙上的声音标识——"静"。

提问：视频中的"调音师"用了什么办法呢？

预设：公共场合有安静标识。

追问：我们的文明音量大转盘是不是也可以作为标识来提醒呢，你们会把它放在哪里？

预设：放在人最容易犯错的地方作为提醒。

引导：除了关注标识，你们还有什么办法提醒大家用合适的音量？

预设：（1）手势提醒。（2）悄悄地提醒他。

让学生给方法命名：小小手势法、轻声细语法。

2. 总结成儿歌，知方法

公共场合讲礼仪，安静标识需注意。
小小手势表心语，轻声细语要牢记。
地点时间要分清，角色需求我能行。
发声常为他人想，声音礼仪伴我行。

3. 调音卡片，助坚持

设计音量卡，让学生罗列一个月内日常生活中容易忽视音量的场合，如晨会、食堂用餐、课堂发言等，让学生通过涂色的方式选择合适的音量宝宝。

4. 现场调音，验实效

引导：下课说再见的时候，怎样才是合格的"调音师"呢？
预设：用平常说的音量跟老师说再见。
引导：用怎样的音量推好椅子呢？
预设：轻轻地整理学具，轻轻推椅子，脚步轻轻地离开教室。

设计意图 通过"调音卡片"实现价值外化，让学生形成服务他人的意识，不仅要控制好自己的音量，还要学会用合理的方式帮助他人调整不合适的音量，让声音礼仪扎根于小小"调音师"的心中。

"520"，我爱邻

——和谐邻里主题班会

背景分析 》》

邻里团结是家庭美德的基本规范之一，是家庭美德培养的重要内容。邻里情也是家庭教育的重要组成部分，邻里之间和谐相处，对整个社区居民和谐相处乃至社会的和谐有着重要的促进作用。邻里生活，是学生生活的重要方面，也是促进他们社会性发展的重要生活领域。

班会目标 》》

认知与理解：认识邻里情的可贵，理解邻里和睦能带来幸福。

情感与体验：体验邻里相处的模式，树立邻里和谐相处的信心。

意愿与行动：掌握做好邻居的方法，建立邻居和睦、邻省互助、邻国互援的家国情怀。

班会准备 》》

教师设计作息时间大转盘、模拟手机业主群等。

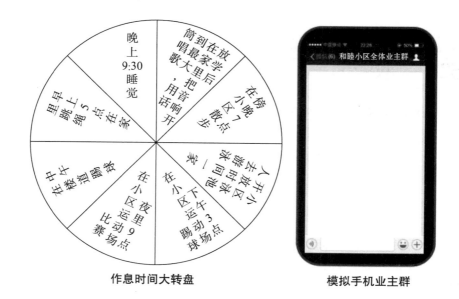

作息时间大转盘   模拟手机业主群

板书设计 >>

本次课的板书对应环节二、三、四的内容。

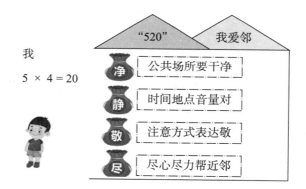

| | "520" | 我爱邻 |

我
$5 \times 4 = 20$

净　公共场所要干净

静　时间地点音量对

敬　注意方式表达敬

尽　尽心尽力帮近邻

班会过程 >>

◆ 环节一   情境创设·互为邻 ◆

1. 出示调查——明现状

（1）知晓邻里节日。

师：远亲不如近邻。我们国家一些地方会在不同时间举办社区"邻里节"活动。

（2）了解班级现状。

师：根据课前调查，我们班有 5 人在生活中曾被邻居投诉，有 17 人因邻居的行为苦恼过。

2. 创设情境——揭主题

（1）揭示主题。

师：看来，做一个好邻居很重要，拥有好邻居也很重要。

（2）创设情境。

教室化身为"和睦小区"。

过渡：在和睦小区，有一位叫邻邻的小朋友，他最近遇到了一件烦恼事儿。让我们一起听一听。

（3）播放录音。

大家好，我是邻邻，我参加了和睦小区"好邻居"评比大赛，投票时间截至 5 月 20 日，得票超过 50 票即可晋级，晋级者可以成为小区公众号宣传大使。其他邻居都晋级了，只有我还没晋级，只剩一个星期的投票时间了，你们能帮帮我吗？

过渡：和睦小区的居民们，让我们一起来帮帮邻邻。和睦剧场，开演啦！

设计意图 了解邻里现状，明白邻里和睦的重要性。创设情境，让教室变成小区，让学生置身于情境之中进行体验，结合三年级学生的年龄特点，以邻邻的求助录音激发学生的助人欲望，让学生成为课堂真正的主人。

◆ 环节二 情境体验·慧睦邻 ◆

1. 和睦剧场：现场表演再现生活情境

播放情景剧——邻邻放学后：

邻邻放学回家，进入电梯，撞到了楼上下来的李阿姨，邻邻很没有礼貌地说："你没长眼睛啊？"在电梯里，邻邻把香蕉皮随手扔在电梯里。回到家，邻邻开始打球。晚上9点，邻邻还在练习架子鼓。

2.微信群聊：七嘴八舌揭露邻里问题

（1）业主群里有话讲。

师：看了表演，各位"业主"有什么想说的，请你在"业主群"里发表自己的看法。（四人小组模拟一个家庭，以家庭为单位书写微信留言条，以板贴的形式贴在手机模型KT板的"业主群"聊天记录里。）

（2）群里留言分分类。

师：各位"业主"，我们来给大家的留言分分类。大家主要对邻邻提出了哪些方面的意见？

预设：不爱干净，对人不敬，不够安静。

3.智慧锦囊：活动体验悟得睦邻妙招

（1）一号锦囊——净。

师：这是我们和睦小区的平面图，图上对小区各处都进行了标注。（出示"小区平面图"）

小组活动——做"净"邻居

找一找：哪里需要"净"？以家庭为单位进行讨论，用贴纸"净"在"小区平面图"上标出来。

说一说："净"的理由，以家庭为单位进行汇报和补充。

预设：公共泳池、过道、休息区、公共阳台等需要保持干净。公共场所是大家共同活动的地方，不能丢垃圾，对自己也对他人负责。此外，公共场地有各自的功能，不能堆放私人物品。

师：你们刚才汇报的这些需要保持干净的地方有一个共同的名字：公共场所。（板贴"公共场所要干净"）

（2）二号锦囊——静。

师：我们来"转一转，判一判"（出示邻邻的作息时间大转盘）。这是邻邻的作息时间表，我们转动起来，如果他的安排合理，我们就用手势"√"来表示，如果安排不合理，就用"×"来表示。

> **小组活动——做"静"邻居**
>
> 找一找：邻邻的哪些作息安排不合理？
>
> 改一改：怎么安排比较合理？

预设：时间不合理会扰民，音量太大会扰民，活动项目不合适会影响邻居。

师：要想做一个好邻居，在活动安排上时间、地点、音量应合适。（板贴"时间地点音量对"）

（3）三号锦囊——敬。

①故事复盘。

师：让你来重演邻邻，你会怎么做？

预设：说话上有礼貌，行动上会礼让。

②留言复盘。

师：反观我们各家各户在业主群里的留言，我们做到"敬"了吗？

采访当事人：邻邻，你听了业主群里的这些"吐槽"，心里是什么感受呢？

预设：难受，难为情……

师：各家各户赶紧撤回留言，讨论讨论，有没有更好的方式，既能提醒邻邻，又能让邻居邻邻得到尊重，不至于如此尴尬。

③小组活动。

> **小组活动——做"敬"邻居**
>
> 议一议：什么方式才是"敬"？
>
> 用一用：如何表达才是"敬"？（针对课前调查中遇到的邻居让自己烦恼的行为展开讨论：用什么方式表达？如何表达？）

> 演一演：现场模拟表演。
>
> 方式：微信私聊、当面对话、业主信箱、宣传海报……

师：我们在讨论和演绎的过程中掌握了"敬"的方法，要特别注意处理方式和表达。（板贴"注意方式表达敬"）

设计意图 只有在真正的体验中总结出来的经验，才是真实的。学生小组以家庭的形式出现，在业主群里进行留言，在分类和总结中梳理出邻里和睦相处的"锦囊"。通过多种活动，实践邻里和睦的方法，做到知、情、意、行的合一。

◆ 环节三 情境延伸·共助邻 ◆

1. 视频欣赏——引共鸣

过渡：多为邻居想一想，生活就会更美满。我们一起来看看疫情中的邻里情。

播放视频《疫路邻里群》。

提问：看了视频，你们有什么想说的？

预设：邻里之间相互帮助，让小区更加和谐，生活更加美好了。

小结：邻居之间相互帮助，增加一个"好邻居"锦囊——尽。（板贴"尽心尽力帮近邻"）

2. 点亮心灯——感恩邻

（1）表白活动。

组织学生表达邻居对自己的帮助——"爱邻"就要说出来。

提问：在你的生活中，有没有出现过邻居帮助你，或者你帮助邻居的事情呢？

预设：①邻居帮助我倒垃圾。②邻居顺道送我上学。

（2）点亮心灯。

请家庭成员上台表白，点亮心灯。

小结：尽心尽力帮助近邻，为邻里和睦相处搭起一座爱的桥梁。

设计意图 联系生活实际，邻里之间的互帮互助非常重要。尽力帮助邻居，促进家庭、社区和谐，让学生在感恩中生活，学会帮助邻居，学会感谢邻居。真正的做，是以情为先导的。情感到了，行为就会随之自然而然地展现。

◆ 环节四　情感升华·我爱邻 ◆

1. 忆"邻座"互爱

PPT 滚动播放教室里邻桌相互帮助的图片，以及动车、飞机邻座之间和谐相处的图片。

2. 感"邻省"互助

2023 年，广东肇庆市怀集县与广西贺州市八步区正式达成了"粤桂一家亲，怀八好邻里——共建省际边界红色睦邻廊道"协同发展合作协议。

3. 体"邻国"互援

播放中国援助吉尔吉斯斯坦的视频片段。中国对吉尔吉斯斯坦进行了多方面援助，包括基础设施建设、经济发展、民生改善等。

4. 小结

师：和睦小区在 5 月 20 日那天，举行这次评比活动，是有原因的。邻邻，就是 5（"我"），做到"净、静、敬、尽"四个方面，5×4=20，就是 20（"爱邻"）。让我们一起记住今天的这道特殊的数学题："520"，我爱邻。（板贴"'520'，我爱邻"）

邻邻成为好邻居宣传大使，小区公众号特别报道了邻邻的变化。

总结：亲仁善邻，协和万邦，是我们中华民族的传统文化，是我们要遵循的家庭美德。邻居和睦，生活和谐；邻省互助，国家繁荣；邻国互援，世界和平。

设计意图 通过由小到大、由点及面的后续拓展，扩大了学生从"我"到他人、从小家到大家的视野，同时也增强了学生的爱国情怀。

你伴我长大，我陪你变老

——家庭美德之敬老爱老主题班会

背景分析 》

　　敬老爱老是中华民族的传统美德，也是当代公民道德教育的重要内容。当前，中国已步入老龄化社会，开展人口老龄化国情教育，培育敬老爱老助老的社会风尚，是弘扬中华民族传统美德的需要，也是践行社会主义核心价值观的需求。一些学生，存在以自我为中心、忽视长辈的现象。本次主题班会意在引领学生继承敬老爱老的传统美德并践行"老吾老以及人之老"的文明风尚，走出家庭，走入社会，关爱生活中的每一位老人。

班会目标 》

　　认知与理解：借助活动感知老年人各方面的变化，唤醒护老爱老的意识。

　　情感与体验：体验老年人生活的不便，聚焦他们的默默付出，激发对长辈的感恩之情和敬老爱老的意识。

　　意愿与行动：发扬尊老爱老的传统美德，践行"老吾老以及人之老"的文明风尚。

班会准备 》

　　学生采访家中长辈，了解他们的人生历程，制作时光手账。

　　教师搜集学生的爷爷奶奶的照片。

板书设计 >>

本次课的板书对应环节二、三的内容。

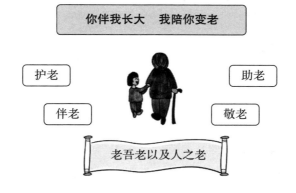

你伴我长大　我陪你变老

护老　　　　助老

伴老　　　　敬老

老吾老以及人之老

班会过程 >>

◆ 环节一　回望·人生路上的一程 ◆

1. 亲情相册，认识长辈

教师出示相册，学生"认领"自己的长辈并作简单介绍。

2. 时光手账，回顾人生

小组活动

1. 和同伴分享时光手账：爷爷（奶奶）走过的路。

2. 将老人们的人生经历浓缩成一个词，写在板贴上。

学生交流并上台板贴"勤俭持家""顽强拼搏""积极进取"……

小结：爷爷奶奶们奉献了美好的青春，努力打拼，才有了我们的幸福生活；也正是他们的陪伴、呵护，才有了我们的快乐成长。

设计意图　借助认领照片、分享时光手账、浓缩人生经历的活动，增强学生的情感共鸣，感知祖辈们的艰辛与付出，唤醒对长辈的感恩之情。

◆ 环节二　聚焦·老花镜里的一瞥 ◆

1. 聚焦老人的健康

（1）观照片，体验"模糊"。

出示全家福合照。

提问：如果把照片递到爷爷奶奶手中，他们会看到什么呢？

学生上台透过亚克力看照片。

现场采访：刚刚你看到的就是老人们眼中的世界，你感觉怎么样？

预设：很模糊，看不清。

（2）听讲座，感知脆弱。

引导：这是怎么回事呢？来听听张医生的介绍——

小讲座：老年人随着年龄的增长，身体机能开始退化，约80%的老人会得白内障，且戴老花镜是纠正不了的……

提问：你们的爷爷奶奶身上都出现了哪些健康问题呢？

预设：

①老人们会得老寒腿、腰椎病等老年病。

②老年人的身体很脆弱，需要人照顾。

2. 聚焦老人的付出

（1）调查数据，见证付出。

过渡：时间不停地流逝，老人们的身体机能也不断衰退。辛苦了大半辈子，是该安享晚年了。可是，他们却有话说——

音频呈现李奶奶腰不好，可她每天为家人买菜、做饭、洗衣服。她说："儿子儿媳工作这么忙，我这点毛病不算啥，我要把孙子照顾好……"

提问：你身边有这样的故事吗？

出示课前班级调查统计数据。数据显示，大部分学生家里是老人帮做家务、接送孩子。

讨论：

①老人们为我们付出了很多很多。

②即便身体不便，他们仍默默帮忙。

③家有一老如有一宝。

（2）计算时间，关注陪伴。

提问：岁月流转，老人们的皱纹见证了我们的成长，也见证了他们对我们的深深眷恋。我们该如何回报这份爱呢？

预设：①关注健康。②送好吃的。③多陪伴老人。

提问：你平时有多少时间陪伴老人呢？

学生出示奶奶和学生自己的周末时间表，算一算一天里奶奶有多少时间属于她自己，学生又有多少时间留给奶奶。

讨论：老人都在帮我们做事，而我们只有一点点时间跟老人在一起。

提问：那你一周里有多少时间留给老人？一个月里呢？一年里呢？

播放视频：

休息日，奶奶做了一桌子菜等儿孙，电话响起……

她的孩子们会回来吗？

电话一个个响起，每个人都说有事，老人落寞地挂掉电话。

讨论：老人很需要我们的关心陪伴。（板贴"伴老"）

3. 聚焦我们的态度

过渡：可是，太多时候我们好像只想到自己，老人们被渐渐遗忘在身后，甚至更过分的是——

播放老人替孩子背书包、孙子嫌弃老人等画面的视频。

提问：这里面有没有你的影子呢？

对照视频，闭眼匿名举手。

音频播放老人话语"孩子，我多干点儿没事，只要你好"。

提问：此刻，你想说的是什么？

预设：（1）不该对老人发脾气。（2）要感恩。（3）要尊敬老人。（板贴"敬老")

小结：我们长大了，老人们却渐渐被落在了身后。在往后的岁月里，让我们紧紧握住他们的手，陪他们慢慢地走。

设计意图 "聚焦老人的健康—聚焦老人的付出—聚焦我们的态度"分层递进，引导学生自主探究，反思日常言行举止，促成内省，唤醒敬老护老的意识。

◆ 环节三　贴近·蹒跚路上的一幕 ◆

1. 创情境，知护老

过渡：走出家门，我们在生活中也会遇见很多老人。
出示：

明明坐公交车时看到一位老人站着，他想：我下一站就到了，等下老爷爷就可以坐我的位子了。

提问：如果你是明明，你会让座吗？说说理由。
预设：
（1）会让座，我们要照顾老年人。
（2）觉得没必要让，一站路很快就到。
提问：虽然只是短短的几分钟，但对站着的老年人来说，真的如我们想的这么轻松吗？
播放视频：

清华大学人因与工效学研究所研制了一套"时光穿梭衣"，穿上它，就可以体验老年人的生活。体验者感慨：路好长，走不动；上楼梯太累了……

讨论：老爷爷相当于负重十公斤站在行驶的公交车上，太不容易了……
复盘：如果你是明明，你会怎么做？

学生演一演。

小结：老人们行动不便，很需要我们的照顾和关爱。（板贴"护老"）

2. 做对比，明助老

过渡：在超市里，我们也会碰到很多老人。

播放视频：

王奶奶买了很多物品，来到收银台。

> **活　动**
>
> 1. 帮王奶奶算账。
> 2. 出示难度系数高的奥数题，请学生计算。

预设：对奥数题无从下手。

播放视频：

面对手机扫码支付，王奶奶一脸茫然，后面的人不耐烦地催促……

学生对比感知老人扫码支付和我们做奥数题的难度相当。

师生演绎教王奶奶操作扫码付款。

小结：时代不会为老年人停留，但我们可以。当老龄化遇上智能化，老人们需要我们更多的耐心与包容。（板贴"助老"）

3. 共辨析，话爱老

> **小小辩论台**
>
> 家里的长辈们为我们默默付出，我们要心怀感恩。我们与别的老人素不相识，他们也需要我们关注吗？

小组讨论，畅所欲言。

预设：

（1）我们的幸福生活离不开千千万万老年人在青春岁月里的奋斗和付出。

（2）每个人都有老去的一天，我们老去时也希望得到他人的帮助和关怀。

小结：尊老爱老是中华民族的传统美德，爱老助老是全社会的共同责任。"老吾老以及人之老"，作为中华文明的传承者，我们不仅要关心家中的老人，还要关爱社会上的老人。（板贴"老吾老以及人之老"）

设计意图 设计坐公交车和超市购物的情境，让学生在沉浸式体验中感知老人生活中的不便和跟不上时代脚步的困扰，激发学生敬老爱老的意识。"小小辩论台"引发学生深度思辨并在辨析中推己及人，明晰尊老爱老还需"老吾老以及人之老"。

◆ 环节四　传承·敬老爱老的一脉 ◆

1. 链报道，知现状

出示报道：

中国已步入人口老龄化社会，截至 2023 年，全国 60 岁以上的老年人口达到 2.97 亿，而到 2050 年，老年人口将超 5 亿人。那时，每三个人中将有一个老年人。

过渡：2024 年，首场国务院常务会议就聚焦老年人群，研究发展银发经济、增进老年人福祉的政策举措。社会各界力量也开展了形式多样的活动，推动营造关心、爱护老年人的良好氛围。

2. 读新闻，喜行动

学生轮读有关适老化改造、敬老月公益活动、老年大学课程丰富等的新闻快报。

小结：从社区和家庭设施的适老化改造，从保障生活质量到丰富精神世界，我们国家出台了一系列政策，紧贴老人最真实的需要，切实地帮助老人安享晚年，真正实现敬老与护老。

3. 巧设计，共护老

图片出示高龄老人用品。

小组头脑风暴

为提高老人生活安全感、幸福感和舒适度，你想发明哪些护老用具？

1. 画一画发明创造。

2. 写一写用具功能。

3. 聊一聊设计初衷。

小组代表展示作品——防滑鞋、智能老年手表、助行器等，并介绍功用。（上台板贴）

小结：一份份巧思妙想凝聚着同学们的智慧，也汇聚了大家护老助老的爱心。

4. 观视频，承传统

播放身边一幕幕助老、让老、护老的视频画面。

总结：你伴我长大，我陪你变老，关爱今天的老年人，就是关爱明天的自己。继承尊老爱老的传统美德，弘扬敬老助老的文明风尚，让我们用行动传递爱的温度！

设计意图 出示中国步入老龄化社会的报道，以及让学生轮读新闻快报，引领学生关注老年群体的真实需求。小组设计高龄老人用品的活动，让学生在剖析、整合、运用素材的过程中促成护老助老的意愿，践行尊老爱老的文明风尚。

争做向善少年郎

——社会公德之友善主题班会

背景分析 >>

友善，是中华民族的优良传统，是现代社会公民基本道德规范之一，也是社会主义核心价值观的重要组成部分。国家出台诸多文件，对学生核心价值观的养成提出更进一步的要求，友善成为新时代优秀青少年的必备行为品质。对学生实行友善教育是当前德育工作的重点之一。应在遵循知情意行的德育规律的基础上，引导学生树立良好品质并坚持践行友善，发挥主题班会的育人功能，体现德育工作的重要性。

班会目标 >>

认知目标：理解友善的基本含义，深刻感受传递友善的重要性。

情感目标：培养学生"美言"意识，感悟友善是自身成长的一种需求，培养正确的友善价值观。

行为目标：坚守友善信念，坚持友善行动，提升友善认知的新高度。

班会准备 >>

教师准备任务清单，学生准备情景剧表演。

板书设计 >>

本次课的板书在课中整体出示、使用。

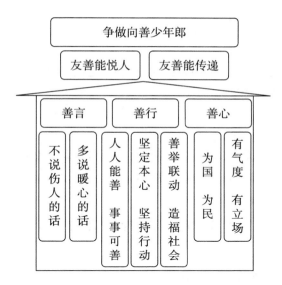

班会过程 >>

◆ 环节一　知友善能传递 ◆

1. 解字形，寻友善之源

出示PPT：

友的含义：在甲骨文中像两只手，其本意是帮助。

善的含义：《说文解字》说善，"吉也。从誩从羊"。羊是吉祥美好的象征，誩是讲话，因此其本意是吉祥的话语。

社会主义核心价值观中"友善"的基本内容释义：像朋友一样善良，寓意是互相帮助和互相祝福。互相帮助意味着在其他人处于困境时要助人为乐，互相祝福意味着在其他人不需要自己帮助时心态良好。

2. 观视频，知友善含义

播放视频《友善在行动》。

让学生想一想视频中人物的眼神、表情，体会他们的心情，并说一说视频中人物的心情变化是怎样的。

预设：友善能悦人。

提问：能否按顺序说说他们做了哪些事？这些小事之间存在怎样的联系？

预设：友善能传递。

设计意图 通过解字，学生对友善产生初步印象；通过视频的观看和分析，学生产生兴趣。在问题设置及回答中，学生对视频中的人、事、表情等进行分析，发现友善能悦人，友善能传递。

◆ 环节二　感友善须美言 ◆

1. 情境再现，感友善须美言

观看学生情景剧，帮帮团解惑。

小明看到小李做题时愁眉苦脸，就主动去帮小李。

"来！我来教你。你也真够笨的，这么简单的题目都不会，你是不是傻啊！"

小李红着脸说："谁要你教！我宁愿空着！"

小明产生了困惑："为什么我想帮忙，可是小李却不接受呢？"

提问：小明说的这些话有什么特点呢？

预设：语气强硬，缺乏尊重，出口伤人。

2. 任务引领，善用一键美言

提问：小明的好心却没成好事。我们怎么说话才能好心成好事呢？

小组讨论填写小组任务单，并派代表进行展示。

任务单	
小明的好心却没成好事，让我们来帮帮他。怎么说话才能好心成好事呢？	我们可以这样说：_____
	你说的这些话起到了什么样的作用呢？_____

学生分享改写的语言，现场生成并对比。

追问：刚才表演的过程中，我们发现某些组的话听起来特别舒服，你能说说他们说的话有哪些特点吗？

预设：与人为善，暖心的话多说！

设计意图 通过情景剧，学生感受到善行还须善言，善言让友善变得更有意义。同时，通过讨论，学生增强了情感上的共鸣，感悟善言的标准，总结出什么话不说，什么话多说。

◆ 环节三 明友善要力行 ◆

1. 回顾感悟，人人能善，事事可善

出示班级日常友善行为的图片，让相关人员谈感受，创设集体友善的氛围。

提问：你有没有向身边的人表达过这些友善之举？你当时的想法是怎样的？

预设：我主动向同学问好，国防研学时和同学友爱互帮，同学脚受伤时给予帮忙等。我想，人人能善，事事可善。

2. 两难情境，坚定信念，坚持行动

呈现学生的演绎：

到底继续帮还是不帮？

某位同学脚受伤，"我"主动承担了照顾他的任务，很多同学背后议论说"我"是想借照顾而偷懒，能坐电梯，还想通过这件事得到老师的表扬，虚伪！

"我"知道后，继续帮还是不帮？

分小组讨论。小组将讨论后的观点及产生观点的理由以不同方式进行演绎。

提问：坚持友善能给自身发展带来什么呢？

预设：友善能滋养自己，友善能强大自己的内心，指明实现自我价值的方向。友善不是由外在因素决定的，更多的是自我成长的一种需求，是形成正确价值观的必要条件。

追问：当在生活中面对这种问题时，是否有更智慧的做法呢？

预设：（提升）发动更多的人一起参与！友善不仅仅是个人的事情。个人的力量尚有不足，发动身边更多的人一起行友善之举，将友善传递、汇聚。

3. 现场采访，力行友善在身边

开学一周，老师记录下每天学生主动打招呼的人数并统计。班会课上出示数据，并对其中的学生代表进行现场采访。

开学第一周打招呼人数统计		
日期	打招呼人数（人）	较前一天增加人数（人）
9月1日	3	—
9月2日	7	4
9月3日	11	4
9月4日	22	11
9月5日	25	3
9月6日	34	9
9月7日	35	1

采访受访者1（第一天就主动打招呼的人）：主动和老师友善地打招呼的原因是什么？

预设：从小受到教育，要尊敬师长，养成了习惯。

采访受访者2（第四天增加的打招呼的人）：原来没和老师友善打招呼，是什么促使你做出改变的呢？

预设：看到别人打招呼，老师也热情回应，感觉自己也要参与进去。

采访受访者3（最后一天增加的打招呼的人）：是什么使得行为最终发生改变的呢？

预设：看到越来越多的人打招呼，自己没打，觉得自己都成另类了。

小结：友善在传递，因为坚持，越来越多的人会参与进来。部分学生可能因为害羞、一时放不开，还不太习惯主动打招呼，我也不能总是被动等待，应该主动起来。我相信我坚持的友善会一直传递给你们的，我们的打招呼从今天开始！"同学们好！"

设计意图 学生日常友善行为图片展示引发学生自省，让学生感悟到人人能善，事事可善。两难情境引导学生形成思辨意识，激发学生产生思想上的碰撞，感悟友善的内涵——坚定信念，坚守本心，坚持行动。

◆ 环节四　践友善在传承 ◆

1. "微信捐步"，联动造福社会

出示公益活动"微信捐步"的图片，以及活动的成效。

在过去一年中，微信捐步公益组织，携手 2072.8 万爱心人士，捐出 2774 亿步，配捐善款 2155 万。在开展的"爱佑新生"活动中，帮助 400 位重症孤儿完成养护。

小结：友善联动，让人与人、人与社会的友善尽量得到最大化体现。今天，我们对友善有了更多创新的做法，让我们的友善走出中国，让世界更多国家感受到我们的友善。

2. 信息检索，明友善之内涵

提问：通过以下检索到的信息，请总结中国在世界舞台中所展现出来的友善举动，并分析中国在世界舞台中所扮演的角色有哪些。

信息1：我国相继提出了一系列重大倡议和主张，包括构建人类命运共同体、共建"一带一路"、全人类共同价值、全球发展倡议、全球安全倡议等，其核心就是世界各国相互依存，人类命运与共，国际社会要团结合作。中方主张，全球治理要守法；要遵循联合国宪章所体现的国际法精神；要秉持公平公

理，反对霸权私利；要坚持同舟共济，不搞分裂对抗。

信息2：中国成为国际秩序的维护者、建设者和积极贡献者，开始得到全世界的认可，中国已同150多个国家、30多个国际组织签署共建"一带一路"合作文件。"一带一路"留下了一个个"民生工程""合作丰碑"，让将近4000万人摆脱贫困，极大增进了共建国家的民生福祉；中国和玻利维亚、埃及、巴基斯坦、南非等国共同提交的消除不平等背景下促进和保护经社文权利决议在联合国人权理事会第54届会议上以协商一致方式通过，决议获得发展中国家广泛支持，80个国家加入共同提案国。

预设：

（1）友善举动：提倡人类命运与共，坚持公平公正等。

（2）扮演角色：国际秩序的维护者、贡献者等。

小结：中国的友善，在于大国担当和气度。我们的友善不是为了名利，而是坚持人类命运共同体的一种立场，是有人类共存共富的大格局。

信息3：中国首次发布了"中国国际形象全球调查报告"，这次民调收集了全球46个国家、5万多位受访者的真实想法，近八成国外受访者对中国发展前景有信心，超九成对中国感兴趣，近九成支持中国更多参与国际事务，近六成对中国整体印象评价为"好"。

小结：其实在国与国的交往过程中，大部分国家都能感受到中国的友善，被中国的真诚所感动，中国在世界舞台中的影响力也越来越高，起到的引领作用也越来越强。

设计意图 通过连续的素材设置，让学生在剖析、整合、运用素材的过程中坚定方向，增强价值判断力。学生对友善的理解进入一个新高度，引导学生做中华优秀传统文化传承人，坚定友善的信念，为成为祖国的向善少年郎而努力。

第二章

网络素养教育

在网络强国战略的时代背景下，加快提升青少年网络素养，是培养公民素养的时代要求，也是落实学生核心素养的必然要求，是应然与必然的统一。

根据学生的身心发展特点，我们应引导小学阶段学生培养良好的网络行为习惯，防范网络诈骗；引导初中阶段学生妥善处理网络社交关系，理性表达观点；引导高中阶段学生重视网络道德规范，培养信息批判思维，掌握前沿网络技能，以适应网络时代的发展需求。

开展网络素养主题班会课，旨在培养学生的网络信息筛选能力、网络安全使用意识、网络交流文明规范以及网络技能学习思维。助力学生从"安全用网"到"文明用网"到"规范用网"再到"有效用网"，使学生成为网络正能量的构建者、参与者和助推者。

网络素养教育类主题班会课应紧密贴合实际生活。为有效提升学生的数字信息素养，促使学生实现深层次的价值内省，我们采用适时点题的策略，通过举一反三的方式，积极促进学生网络素养的养成。以《解消失之谜，寻辨别妙招》为例，通过提问引导学生从"寻求帮助"到"辨别妙招"再到"遇事三思"，逐步增强学生对信息的防范意识；以《拒绝"按键"伤人》为例，通过对网络暴力事件的问题探讨，引导学生树立正确的网络道德规范；以《不做"茧"中人　数智向未来》为例，通过对网络新技术问题的思考，激发学生提升网络素养的内驱力。

解消失之谜，寻辨别妙招

——辨别网络信息真伪主题班会

背景分析 >>

随着社会的发展、信息技术的进步，各种网络虚假信息造成的破坏性现象成为社会日益突出的问题。一些不法分子将目标转向思想单纯、社会经验不足的学生群体。学生缺少成熟、独立的思考和对网络信息的辨识能力，容易受到他人欺骗。因此，为了让学生熟悉网络上常见的虚假信息，增强网络信息安全防范意识，提高自我预防、自我保护、自我应对的能力，召开本次班会有一定的必要性。

班会目标 >>

认知与理解：正确认识网络是一把双刃剑，自觉树立网络信息安全意识。

情感与体验：有效辨别网络信息真伪，形成敏锐的洞察力。

意愿与行动：提高网络信息素养，学会辨别网络信息真伪的方法，进而保障生命和财产安全。

班会准备 >>

教师准备剧本、线索卡、调查申请单。

教师设计的剧本角色为学生（主要玩家）、老师（协助者）、私家侦探（剧本主持人，隐藏身份是诈骗分子，负责收集学生及老师的个人信息，仅限在课件中出示该人物）、头目（诈骗团伙老大，指使"私家侦探"行骗，发送诈骗信息，仅限在课件中出示该人物）。规则为学生及老师在"私家侦探"的引领下完成各项任务，直到发现"私家侦探"的真实身份，再由老师主持。

板书设计 ≫

本次课的板书对应环节二、三的内容。

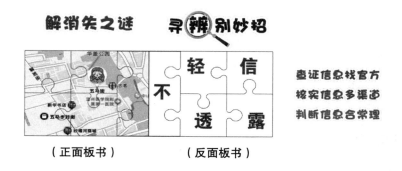

（正面板书）　　　　　（反面板书）

班会过程 ≫

◆ 环节一　解消失之谜，寻各方帮助 ◆

1. 引出消失之谜，寻求帮助

剧情说明：

小红已经消失好几天了，同学和她经常在网上聊天，一起玩游戏，平常联系密切。教师和同学们需要在私家侦探的引领下找到小红，解开消失之谜。

2. 填写调查申请单

调查申请单	
申请人：	家长联系电话：
家庭住址：	
申请事项： 我们的同学小红消失了，急需帮助，现申请准许我们进入小红的私人住宅搜索调查。	

侦探：在调查前，所有人需要填写调查申请单才能进入小红家中调查。

学生填单，教师代收，交给侦探。

设计意图 设计破案情境，借拯救小红为由，取得学生的信任，让学生在沉浸式体验中进入故事。同时，顺势获取学生的个人信息，以设置悬念，为接下来演绎信息泄漏的情节做铺垫。

◆ 环节二 凭蛛丝马迹，找辨别妙招 ◆

1. 寻找客厅线索

学生发现线索——抖音软件。

出示两个明星抖音账号，请学生找出不同点并判断真假，说明原因。

预设：小红关注的明星账号上没有官方认证的图标，疑似是假的。

学生交流假的明星账号可能会发布哪些内容。

讨论以下小红的做法。回答出问题的同学便可获得一张线索地图。

小红在抖音平台上刷到两则信息，并转发到了微信好友群里：

1. 某市一名小学生被人扭断脖子后身亡；

2. 不用考试，花钱就能买毕业证。

提问：请同学们说说能查证这两则信息真实性的渠道。

预设：有报纸、《新闻联播》、官网。

追问：小红转发虚假信息可能会引起什么后果？

预设：可能引起恐慌和厌学情绪。

小结：我们在辨别网络信息真伪时，要查看该信息是否由官方认证的账号发布，未确认其真实性时不可随意转发。

2. 寻找房间线索

学生推理密码，输入某位明星的拼音，进入小红房间。

学生发现 QQ 软件、游戏软件、快递包裹等线索。

侦探给出线索卡，线索卡内是同学小 A 与小红曾经围绕 QQ 软件、游戏软件、快递包裹展开的聊天内容。

根据线索卡信息，分组推理小红消失的线索，推理成功的小组可随机获得一张线索地图。

线索卡

小红：我收到了一个二维码，让我帮忙验证一下 QQ 好友。我扫了二维码，便收到验证码信息，我填完验证码，QQ 就被顶下线了，密码也被改了。

小 A：你的 QQ 号是多少？

小红：46825×××。

线索卡

小红：×××新代言了一款游戏，我在游戏里认识了一个网友叫勤雄，但他已经把我拉黑了。

小 A：为什么拉黑你？

小红：我不知道。之前他还说可以私下找他低价购买游戏皮肤，可比官网上便宜不少呢。

小 A：那你有找他买吗？

小红：哎，别提了，这种小便宜真是贪不得，算我破财消灾了。

线索卡

小红：我在网上买到了几张明星小卡。昨天，卖家联系我说商品质量有问题，竟然主动提出退款呢。

小 A：我听说这种退款的流程比较麻烦，需要点击链接，填写自己的银行卡号、手机号、验证码等信息。

小红：没错，那天我刚完成退款手续回到家，我爸就说没收到钱，反而丢钱了，真是太奇怪了！

小组汇报交流：

（1）帮忙验证好友，疑似是假的。

（2）低价购买游戏皮肤，疑似是假的。

（3）卖家以"商品质量问题"为由，主动提出退款，疑似是假的。

提问：小红轻信这些虚假信息会产生怎样的后果？

预设：QQ 号被盗，信息泄漏，钱被骗。

追问：当你们面对这些网络信息，不知道真假时，应该怎么做？

预设：当面核实，与其他网友交流，查看官网。

小结：我们在辨别网络信息真伪时，应该多渠道查证信息。

3. 寻找书房线索

学生推理密码，输入 46825×××，进入小红的书房。发现全家福、日记本等线索。

根据日记内容，推理小红消失的线索。发现疑似有人通过 AI 换脸成小红的爸爸，诱拐小红。

2023 年 10 月 1 日

爸爸妈妈去旅游了，只有我和爷爷奶奶在家。快晚饭时，爸爸给奶奶打了视频电话，说是我的同学邀请我晚上去生日派对，还说同学的妈妈已经开车到我家楼下接我了，让我赶紧下楼。爸爸妈妈从来不让我去同学家玩，今天竟然同意了，真让我惊喜！

播放警察对 AI 骗局的说明视频。

提问：你是如何辨别出这些网络信息是假的？

预设：我们在辨别网络信息真伪时，应该判断信息逻辑，那些不符合常理的信息，就很可能是虚假信息。

4. 确定位置，救出小红

请学生将碎片化线索拼贴成完整地图，获取小红所在的位置。

小红获救，播放音频。

感谢大家救了我，要不然，我可能就再也见不到我的爸爸妈妈了。这几天，我被关在这个黑屋子里，害怕极了。我万万没想到，这些事情会发生在我的身上。我决定再也不碰任何电子设备了，还是远离网络吧。

提问：你赞同小红的观点吗？

学生讨论后教师进行小结。

小结：我们要正确认识网络的两面性，用其所长，避其所短，发挥网络对生活的积极促进作用。

设计意图 分层递进的破案线索引导学生自主探究问题。学生根据已知的线索进行推理，推断出常见的网络虚假信息，也讨论了如何辨别网络信息的真伪，最后成功救出小红。通过小红消失事件，学生初步树立了防范意识。

◆ 环节三　遇事三思，树立防范意识 ◆

1. 信息泄漏，寻找真相

剧情反转。救人任务结束，突然大家的手机上收到了大量虚假信息。

播放对话音频，真相浮出水面。

头目：你做得很好，你提供的班级孩子的个人信息，我已经全部收到了。接下来，让我们干票大的！哈哈哈哈！

侦探：恭喜主人！在下定当全力以赴！

提问：你的个人信息是怎么泄漏出去的？

预设：填写的调查申请单中透露了个人信息。

追问：为什么一开始这么容易就把个人信息泄漏出去了？

预设：轻信侦探。

小结：要想真正转危为安，一定要做到不轻信、不透露，这样才能真正保障我们的生命和财产安全。

2. 演一演，树立防范意识

同桌讨论个人信息泄漏的问题，并模拟场景演一演。

> 要求：自由选择一个场景，同桌两人合作演一演；演绎后全班交流评价。
>
> 场景 1：你的好朋友在 QQ 上找你借 100 元钱。
>
> 场景 2：一个自称是主办方的人联系你的妈妈，说你获得作文比赛一等奖，可去北京参加总决赛，须事先缴纳 500 元钱。
>
> 场景 3：你小时候的邻居和你多年未见，给你发微信约你去图书馆一起看书。

◆ 环节四　总结课堂，课后拓展 ◆

总结：今天在拯救小红的过程中，我们学会了辨别网络信息的小妙招，还知道了在上网时不应该轻信他人，不透露个人信息，树立防范意识。除了辨别信息真伪，我们还要养成文明上网的习惯，不传播不良信息，合理安排上网时间，适度上网，全面提升网络素养。让我们从今天起，争做合格小网民！

> ### 课后拓展
>
> 校园：争做校园网络信息辨别小侦探。
>
> 家庭：检查家庭成员的电子设备是否存在信息泄漏的风险。
>
> 社会：拍摄网络安全小视频，在社交媒体官方平台发布，面向公众传播。

设计意图 通过学生身边的素材演绎让学生在剖析、整合、运用素材的过程中坚定方向，增强价值判断力。剧情反转，陷阱暴露，揭示悬念，让学生知道信息泄漏会让自己面临危险。学生真实演绎不同场景，学以致用，巧妙应对不同的网络虚假信息。

刷新"视"界　守护你我

——正确使用网络资源主题班会

背景分析 >>

被称为"网络原住民"的新生一代青少年群体与各种数字化媒介相伴成长。短视频内容丰富，互动性强，为学生提供了重要的信息接触方式和社交方式，却也带来了使用隐忧。学生在使用过程中可能出现沉迷网络、理性思辨能力弱、情绪易受导向、陷入消费主义陷阱等问题。因此，让学生在使用短视频过程中学会行为管理、进行信息判断、注意网络安全，开展正确使用网络资源的主题班会课势在必行。

班会目标 >>

认知与理解：激发学生合理使用短视频的意愿，让短视频为学生所用。

情感与体验：体验和学习合理使用短视频。

意愿与行动：践行短视频类产品的使用之法，提升网络媒介素养。

班会准备 >>

教师模拟短视频类社交产品的使用，设计有待学生完善的产品使用手册。

板书设计 >>

本次课的板书对应环节二、三的内容。

——正确使用网络资源

 产品使用建议　自控内容和时长

 产品注意事项

公共场所须静音

分清场合很重要　　来源权威

内容真伪会分辨　　标题客观

未经证实忌传播　　符合常识

 产品安全提示　个人信息不泄漏

班会过程 ≫

◆ 环节一　刷新认知，感知不当使用危害 ◆

1. 创情境聊所知

引导：今天，我有一个新的身份——短视频社交产品使用培训师。

师生在产品使用手册上刮开产品名字，听产品设计师对短视频的介绍。

2. 析问卷知现状

在课前短视频类产品使用情况的调查问卷中，发现大家都喜欢这类产品，每周使用的次数却很少。

过渡：最主要的是父母不让孩子刷。为什么？

3. 知茧房晓危害

请看团队的测试结果。

测试时间	视频内容	喜爱指数	条数
第三天	手工制作	♡♡♡♡♡	11
	搞笑视频	♡♡♡♡♡	10
	知识科普	♡♡♡	1
第二天	手工制作	♡♡♡♡♡	8
	搞笑视频	♡♡♡♡♡	7
	知识科普	♡♡♡	2
第一天	手工制作	♡♡♡♡♡	5
	搞笑视频	♡♡♡♡	4
	知识科普	♡♡♡	2

对比三天测试情况，请学生说发现。

预设：喜爱指数高的内容后面两天还会重复出现，条数增加。

师：当你喜欢什么，后台就给你推送什么，刷得越多，推送得就越多。它就像一个茧，一旦我们处在这个茧房里，以后推送的内容就会限制在这个封闭空间里。这就是信息茧房，让我们一起了解它——

播放语音：

信息茧房像是一个信息的过滤系统，它会根据我们的浏览历史、搜索、点赞和分享等行为，推荐我们可能感兴趣的信息。

提问：信息茧房会有什么危害？

预设：（1）限制思维。（2）影响思考。（3）沉迷乃至上瘾。

4. 入团队共制定

提问：既然产品存在着这么多的漏洞，那到底刷还是不刷，请说明理由。

预设：刷或者不刷都有理由，短视频是新型网络产品，我们要学会趋利避害，让它更好地为我们服务。

为了提升用户体验，教师邀请学生加入团队，从产品使用建议、注意事项、安全提示三个方面，继续完善短视频产品使用手册，刷新"视"界。

设计意图 通过创设产品使用培训师情境，激发学生的学习兴趣，感受信息茧房的危害，进而共同制定规则，提升短视频用户体验感。

◆ 环节二 刷新行为，建构产品使用习惯 ◆

1. 产品使用手册·产品使用建议

（1）观内容知取舍。

出示学生常刷的内容类别。

预设：知识类、生活技能类、休闲娱乐类。

让学生去掉一类不刷，并说去掉的理由。

预设：休闲娱乐类，因为其他两类都是我们需要的。

小结：使用短视频，要根据真实需求输入内容，带着目的去刷，让短视频为我们所用。

（2）听建议控时长。

出示课前问卷中使用短视频较久的部分学生，请学生提提建议。

提问：究竟一次刷多长时间才合适？

预设：根据《综合防控儿童青少年近视实施方案》，中小学生非学习目的使用电子屏幕单次时长不宜超过 15 分钟。

小结：想要突破茧房，不仅要有目的地去刷，还要把控时间，自控内容和时长。

完成产品使用手册的第一部分：产品使用建议。继续完善使用手册。

2. 产品使用手册·产品使用注意事项

（1）看投诉知静音。

播放投诉声音扰民的视频，依次出现在公交车、高铁、医院场合大声刷短视频的现象。

提问：感觉如何？

预设：耳朵不舒服、心烦。

出示情景剧。

师生出发去研学，坐在大巴车上闭目休息。周围非常安静，突然大家被刷短视频的声音惊醒。

过渡：在这样的场合，使用短视频最好的方法是什么？

教师根据学生回答相机引导。

小结：在这样的公共场所使用产品，要静音。

（2）演情景分场合。

刷短视频时声音大的那位同学戴上耳机刷短视频。快下车时，同学A打招呼："到了，赶紧下车。"他头也不抬。同学B拍拍他的肩膀说："我们一起走。"他不耐烦地拨开肩上的手说："我还没看完呢！"

提问：喜欢这样的同伴吗？

预设：（学生都摇头）不喜欢。

追问：这么多同学都不喜欢他，长此以往，这会给他造成什么不良后果呢？

预设：没有朋友，视力下降……

引导：长期沉迷网络的人，会忽略眼前的人和事物，孤独感加深，形成人际交往障碍。

追问：生活中，还有哪些场合不适合刷短视频？说说你的理由。

学生交流讨论，教师相机归类，发现家人团聚、开车、走路这些场合刷短视频会让我们少了陪伴，甚至有生命危险。分析后教师小结分清场合刷短视频很重要。

过渡：你们离一名合格的产品使用培训师不远了，继续挑战。

（3）擦亮眼会分辨。

这是真的吗？		
序列	内容	用户名
第一条视频	人造鸡蛋成本才一毛钱，你敢吃吗？	布丁小土豆
第二条视频	出大事了！M国大使馆被炸了！	国际杂谈
第三条视频	流感高发，新城小学一班级停课4天。	昆阳镇新城小学

小组讨论视频内容真假，说判断依据。

预设：信息为真的内容应来源权威、符合常识、标题客观。

小结：短视频时代，信息纷繁复杂，一定要注意擦亮眼睛，会分辨内容真伪。

过渡：同学们真的会判断了吗？接下来再次挑战。

（4）未证实忌传播。

视频播放一个小男孩不断地推小区入户门的画面。

提问：这是一个怎样的孩子？

预设：调皮的孩子。

过渡：很多人都是像你们这样去判断，甚至纷纷转发，并恶意评论。

继续观看视频后才发现小男孩推门是为了帮助腿脚不方便的人，请学生再次发表评论。

预设：好样的，为他点赞。

追问：在这个过程中，谁受到了伤害？

预设：小男孩和他的家人。

引导：男孩心灵受到创伤，他的家人也形成困扰，这个事件甚至在社会上造成一定程度的颠倒是非的不良风气。有些情节严重的还有可能因造谣、诽谤触犯法律。

小结：短视频时代，谨慎评论、真诚表达，不做"小杠精"和"键盘侠"，信息未经证实忌传播。

设计意图　通过分层递进的情景设计完善产品使用手册，引导学生自主探究问题。使用调查表内容、沉浸式情景剧、真假大挑战等分层递进将议题从"我要刷"向"我要怎么刷"转变，引导学生自主探究，不断刷新短视频行为。

◆　环节三　刷新意识，保障人身财产安全　◆

教师继续引导学生完成产品使用手册的产品使用安全提示的内容。

（1）刷视频陷两难。

过渡：学会了这么多使用方法，一起刷起来。

师生刷短视频，过程中出现免费领取游戏皮肤的弹窗。问学生是否点击。

预设：大部分学生摇头。

追问：免费的游戏皮肤这么吸引人，为什么不扫一扫？

预设：这是陷阱。

过渡：为你们点赞，你们有很强的安全防范意识，知道个人信息不可泄漏。可是，很多用户轻易受骗上当了，来看几则新闻报道。

（2）看新闻再警惕。

新闻1：10岁小学生玩游戏，因免费领取游戏皮肤被诈骗数万元。

新闻2：入群为明星打 call，13岁小学生被骗35万！

新闻3：11岁小学生拿爸爸手机刷短视频，被骗11万。

提问：看完新闻，还有什么要提醒大家的？

预设：①千万别填写个人信息。②不刷二维码。③不入群。

小结：在使用产品的过程中，一定要保障个人信息财产安全。

同学们再次完善了产品使用手册，成功升级为"金牌培训师"。

设计意图 通过现场刷短视频的体验活动，学生沉浸其中，引发共鸣，新闻引导学生理性对待刷短视频遇到诈骗的问题。从感性入手到理性对待，师生共同筑牢安全防线。

◆ 环节四 刷新"视"界，守护每一个 Ta ◆

1. 定公约在行动

引导：制定一份属于你们的短视频家庭使用公约吧！对公约的完成情况再做一个跟进的表格，如果遵守了公约的某一项规则，就请在表中对应的地方画笑脸，我也会根据你们的反馈情况评价。

出示公约完成情况跟进表：

短视频使用公约　我们在行动！									
	时长		内容		场合		安全建议		……
使用人	我	家人	我	家人	我	家人	我	家人	
第一周	☺	☺	☺	☺	☺	☺	☺	☺	
第二周	☺	☺	☺	☺	☺	☺	☺	☺	
第三周	☺	☺	☺	☺	☺	☺	☺	☺	
老师反馈栏	我想对你说：								

2. 好内容来推荐

过渡：我作为资深产品培训师，为你们推荐一些优质内容。

播放学生劳动成果、雁荡山旅游景点宣传、中非国际友好交流短视频合集等，发现短视频用于娱乐外的其他作用。

引导：请查找资料，发现能为你或身边人所用的短视频内容，当金牌推荐官。

3. 合理利用手册

引导：你们作为金牌推荐官，利用手册，课后将本节课所学内容分享给身边人。

总结：短视频时代，让我们刷新"视"界，守护你我！

设计意图 制定家庭公约、金牌推荐官等活动让学生在协商、推荐、宣传过程中不断行动。从个人的家庭公约到推荐优质内容给他人并分享用法，让短视频真正为我们所用，激起学生自发协助他人合理使用短视频的意愿。

拒绝"按键"伤人

——网络文明素养主题班会

背景分析 >>

网络的普及改变了人们的社交方式，网络文明素养的建设正逐渐被人们所关注。网络欺凌是寄生于网络空间，用文字、图片、视频等形式侵害他人的一种行为，会给受害者造成巨大的精神损害，严重破坏网络空间正常秩序。初中是一个开始接触网络的阶段，面对网络的匿名性和传播性，许多同学认为在网络上可以肆无忌惮地发表言论。本次主题班会旨在引导初中生拒绝网络欺凌，培养正确的网络行为和积极的价值观。

班会目标 >>

认知与理解：辨析网络欺凌的形式，了解网络欺凌的危害，成为一名能了解客观事实、尊重他人、与人为善的新时代高素质网络公民。

情感与体验：体验网络评论，关爱他人，不轻易"带节奏"或被"带节奏"。

意愿与行动：成为网络文明的传播者和践行者，积极向善。在网络交往中做到以人为本，以和为贵。

班会准备 >>

教师准备好"匿名"评论区（在黑板上划定区域用来贴评论卡）、评论卡（可写字的 10cm × 20cm 彩色纸条），进行有关网络欺凌问题的问卷调查。

板书设计 》》

本次课的板书在课中各环节陆续展示。

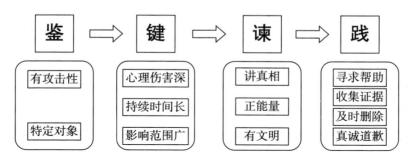

班会过程 》》

◆ **环节一　网络欺凌，我鉴别** ◆

1. 创情境，引共鸣

引导：小白同学发来了一段语言，我们一起看看他遇到了什么困难。（播放语音）

小白的困扰

我知道我以前科学成绩不是很好，但是这个单元我很认真地在学习。我考了 93 分，但是怎么也高兴不起来，因为有几个同学在他们的朋友圈议论我，说我是作弊才拿到这个分数的。我很想澄清，但是他们都不相信我！

提问：小白遇到了什么事？
预设：小白同学受到了别人的造谣和网络欺凌。

2. 看数据，探原因

提问：同学们有没有做过类似的事情？
展示课前调查问卷的统计结果。

调查结果

1. 你对网络欺凌了解吗？

（1）非常了解：35%；（2）不了解：9%；（3）不是很了解：56%。

2. 你是否遭受过网络欺凌？

（1）有：36%；（2）没有：64%。

3. 你是否对别人进行过网络欺凌？

（1）有：8%；（2）没有：92%。

过渡：从调查结果中我们发现有 56% 的同学不是很了解网络欺凌，还有 9% 的同学对网络欺凌完全不了解。那我们一起来讨论接下来的案例中哪些属于网络欺凌。

3. 看案例，巧鉴别

网络上的二三事

案例 1：某同学发帖称小张同学喜欢他的同桌，并说他俩在一起了。

案例 2：小张同学因为不喜欢晓晓同学，就把她家的地址、父母信息、手机号码都发布在学校的贴吧里。

案例 3：有人在朋友圈说超市的盐都被抢光了，让大家赶紧囤盐。

案例 4：有人把他人肖像做成有侮辱倾向的表情包。

提问：什么样的行为叫作网络欺凌？你觉得它应该有什么特点？

预设：网络欺凌的形式一般有肆意辱骂他人、不理性的人肉搜索、编造和传播谣言等形式。一般特点是具有攻击性、有特定对象。（板贴"有攻击性""特定对象"）

设计意图 通过调查结果思考什么样的行为算是网络欺凌。案例鉴别的活动让学生快速了解网络欺凌的一般形式，学会在日常生活中辨别网络欺凌事件，明确网络欺凌行为的特点。

◆ 环节二 "按键"伤人，我拒绝 ◆

1. 再看数据，产疑问

引导：调查显示，认为自己遭受过网络欺凌的人有36%，而觉得自己对别人有过网络欺凌行为的却只有8%。

提问：巨大的数据差距，你觉得是什么原因？

预设：有些同学没有意识到自己的语言伤害到了别人。

2. 看微博，发评论

过渡：在前面的调查问卷中，很多人认为自己没有参与过网络欺凌，但很多网络欺凌是在不经意间发生的，我们来看这样一件事。

一起来评论

（微博图片形式呈现）某班同学：我们班的那个王晶晶，她同桌不小心打破了她的水杯，赔她200块，她还嫌少，还说自己的杯子要300万。什么人啊，真服了！

活动任务：小组讨论，评论该事件，将评论写在纸上模拟跟帖，贴到黑板上模拟好的匿名"评论区"。

活动要求：单条评论字数不超过25字；字写大一些让大家能看到；使用蓝色彩纸。

学生的跟帖有两类：（1）对王晶晶进行讽刺或开玩笑。（2）表示不知道真相，对事件应理性看待。

教师读学生评价，并展示网友的评论。

3. 知真相，明是非

播放和讲述"王晶晶水杯事件"的真相。（呈现真实新闻）

"神女"王晶晶：霸凌十年，被一只价值"300万"杯子毁掉的人生

常年被孤立，被指指点点，肆意取笑，被嘲笑"整容"，被妖魔化为"神女"（神奇的女子）。

被不怀好意地接近，只为在成为朋友后，能够公开聊天记录，当成在媒体上炫耀的资本和捞好处的手段。

……

2008 年至 2018 年，她经历了长达十年的校园暴力，这该是一场怎样的噩梦！

（真相：在一次课间打闹中，同学不小心碰掉了王晶晶的水杯，杯子被摔得四分五裂，旁边一个同学看到了，开玩笑地说："这水杯要 300 万呢。"当时打碎杯子的同学打算给 200 元赔偿，王晶晶觉得大家都是同学，没必要，便拒绝了。但这件事被发在贴吧，在大家的讨论之下，变成了"王晶晶刻意习难同学，要价 300 万"。）

提问：（1）回头看看黑板上的评论，你们有什么样的感受？（2）如果你们就是王晶晶，你们会有什么感受？（3）当我们在"按键"伤人的时候，会对被欺凌者造成什么样的伤害？

预设：我们都成了施暴者，虽然我们一开始没有恶意，仅仅是想开玩笑，但最后确实使王晶晶遭受了网络欺凌，产生了严重的后果。

小结：网络欺凌往往表现出侵害时间长、心理伤害深、影响范围广等特点，导致受害者无法正常生活，出现辍学、抑郁、自杀等严重后果。

设计意图 引导学生体验王晶晶的故事，学生在不知全貌的情况下间接成为"施暴者"，明白网络欺凌发生的不经意性和它对受害者的伤害性；切身体会有时候无恶意的一句评论，就可能变成伤害他人的网络欺凌，对网络欺凌的严重后果有更深刻的认识。

◆ 环节三　清朗评论，我谏言 ◆

1. 讲文明，重评论

过渡：有时候我们一句无意的评论会构成对他人的伤害，那么我们在发表评论的时候应该注意什么呢?

我们该如何评论

很多的网络欺凌往往在我们无意的评论中发生,我们要避免评论时对他人造成伤害,这需要我们在发表评论时更加注意言辞。现在你有一个机会重新评论"王晶晶水杯事件",你会怎么评论?

小组写下新评论粘贴在"评论区"(用绿色彩纸覆盖旧评论)。

提问:在写新评论的时候,你在考虑什么因素?

预设:不明白真相不随意揣测,不造谣他人,不侮辱他人。

(板贴"讲真相""正能量""有文明")

2. 讲法律,必维权

过渡:网络欺凌对王晶晶造成了巨大伤害,但网络并非法外之地。

呈现"王晶晶水杯事件"的最终结果,被告人被判决拘役三个月。展示这个时候网络中又出现的不同声音。

网友的新评论

在王晶晶咨询的时候,有女律师这样对她说:"这个东西,你自己不要去看就好了呀。你有抑郁症,你去看病呀,打什么官司呢?"

有网友评论:不值得,花了这么长时间才让被告人拘役三个月,浪费时间和精力,不如做点让自己开心的事。

提问:对于网友们这样的评论,你怎么看?支持网友们的看法吗?为什么?

预设:不支持网友们的看法。我们要积极维权,不能让欺凌者逍遥法外。

设计意图 再次评论"王晶晶水杯事件",让学生以情促行,重新审视发表评论的行为准则,明白打造一个清朗网络环境的方式,认识到清朗环境的重要性,并培养维权意识。

◆ 环节四　应对欺凌，我践行 ◆

1. 时光机，伸正义

引导：在现实生活中，我们如果无意中伤害了他人或者我们的朋友被他人有意或无意伤害，我们该怎么做？

时光穿梭机

角色扮演：如果回到"王晶晶水杯事件"刚刚开始的时候，你会怎么来帮助她？

学生扮演不同角色（王晶晶的朋友，有意或无意伤害了王晶晶的网友）进行发言。

根据学生的发言，教师板贴"寻求帮助""搜集证据""及时删除""真诚道歉"。

2. 助他人，促内化

过渡：经过王晶晶的事情，我们回到班会课一开始的"小白的困扰"，相信同学们也学会了如何帮助我们的小白同学。

提问：在学校里遇到小白这样的事情，小白该怎么做呢？请在课后写下帮助方案。

小结：网络文明是社会主义精神文明建设的一项重要内容和重要组成部分，是一个国家精神文明水平的重要体现。网络欺凌是一种网络文明素养不高的表现，对于青少年，建立清朗的网络环境应是自觉行动。提高网络文明素养，我们势在必行！

设计意图　创设帮助他人的情境，引导学生实现价值外化。从学会不要恶意评论到遇到网络暴力妥善处理，再到学会帮助他人走出被网络欺凌的困境，通过情境模拟来实践如何应对网络暴力，学会把网络文明作为个人的自觉行动准则，并学会如何帮助网络暴力受害者。

不做"茧"中人　数智向未来

——提升数字素养主题班会

背景分析 》》

数字教育既是数字中国的重要组成部分，也是建设教育强国的重要支撑力量。在网络无所不在、算力无所不达、智能无所不及的数字新时代，中小学生能够满足一定的社交需求和表达欲望，但也可能缺乏对网络的正确认识，易出现信息受限、极端情绪、价值偏离等现象。为培养学生们的网络自控力、思考力和发展力，开展提升数字素养的主题班会，帮助他们走出网络信息茧房，提高数字综合素养，智慧面对数字挑战。

班会目标 》》

认知与理解：了解信息茧房对个人的影响，认识信息茧房的负面效应，学会正确判断网络信息，形成思考力。

情感与体验：激发学习内驱力，感知和强化数字时代责任，激发发展力。

意愿与行动：掌握突破信息茧房的方法，形成自控力；践行破茧方法，探究数字时代素养，开展提升数字技能的行动。

班会准备 》》

教师准备不同色的橡皮筋、数智行动海报、硅胶运动手环等工具，拍摄短剧《在网中》，录制教师担任某软件人工智能体验官视频，并在班级内发起信息检索活动。

板书设计 》》

本次课的板书主要对应环节二、三、四的内容。

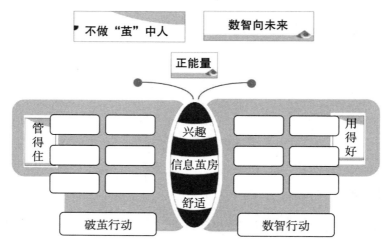

注：空方框填写现场生成的内容。

班会过程 》》

◆ 环节一　知"茧"明危：知网络信息的影响 ◆

1. 我给网络点个赞

提问：如果你可以随时随地上网，你会选择做什么？

> 选择以下网络活动对应的橡皮圈颜色，套至右手大拇指上。
>
> 绿色：刷短视频；黄色：网络购物；蓝色：逛社交媒体平台；粉色：追剧；红色：刷网络分享社区；橙色：其他。
>
> 聊一聊为什么选择这个网络活动，它带来了什么感受？

全班学生参与，并分享从中获得的快乐、有趣的使用体验。

过渡：网络产品千千万，总有一款你喜欢。你们真的会使用网络吗？

2. 游戏体验"你有我没有"

让学生竖起大拇指听题，开启"你有我没有"的互动问答。

> 如果你有如下经历，请用一根橡皮筋套住一根手指，有几个经历套几根手指：
>
> 1. 你有发现自己常常在想什么，软件就会给你推送什么。
> 2. 你有因为刷软件忘记时间，然后睡得很迟。
> 3. 你有发现很多事情自己不知道，甚至都没有刷到过。
> 4. 你有因为想再多看一会儿网络信息，而和父母、老师有冲突。
> 5. 你有特别喜欢的网络活动，所以不是很想出去活动。

预设：大部分学生的手被橡皮圈套牢成"茧"形。

小结：很遗憾，我们可能正在或即将走进大大小小的信息茧房。

3. 信息茧房利与弊

播放《什么是信息茧房》视频，网络时代的信息茧房即人们因"大数据 +
算法"精准推送，而沉迷于感兴趣的信息。

提问：简而言之，信息茧房就是你被算法"算计"了。当我们长时间处于
"同质化""单一化"的信息中时，会出现怎样的现象？

预设：沉迷、无趣……

过渡：让我们通过短片看看"茧"中人都受到了怎样的影响。

设计意图 通过学生身边的真实问题，激发学生的学习兴趣，触动学生正
确使用网络的学习诉求；组织游戏，让学生自省信息茧房的问题；通过思考长
期处于信息茧房中的影响，引起学生探究走出信息茧房方法的兴趣。

◆ 环节二 破"茧"成规：探规范用网的关键 ◆

1. 破"茧"行动消沉迷

播放短剧《在网中》：

男同学 A 因沉迷网络不愿意参加体育活动，且在课间出现趴睡情况。

女同学 B 在某软件消费 521 元，且在生活中极易与人发生矛盾、冲突。

请学生结合信息茧房的特征，分析主人公行为背后的原因。

预设：认知受限、无法自控、价值偏离、观点自负……

过渡：知"茧"才能破"茧"，让我们通过小组合作，共同开展破"茧"行动吧！

小组合作生成"破茧行动"的做法，如限制手机使用的时间、多参与线下的社交活动、寻找与自己观点相反的意见等。（提炼关键词，填在板书"破茧行动"上方的方框中）邀请小组代表进行分享。

2. 社会效应引思考

提问：当社会中存在不同的信息茧房时，会发生什么样的社会影响？以人们担心某种生活必需品短缺而产生哄抢事件为例，参与这类事件的市民的观点、情绪、行为是否受到信息茧房的影响？

预设：网络中容易产生极端化现象，影响社会安定。

小结：对网络信息保持独立思考的能力，培养批判性思维。

3. 认清本质看未来

提问：信息茧房真的是网络算法的错吗？

过渡：算法作为一种网络技术，是被人使用和创造的。

出示动画素材，对比数字 AI 绘中国和数字 AI 诈骗。

数字 AI 绘中国：央视网通过 AI 技术展现中国速度和中国智慧。

数字 AI 诈骗：不法分子通过 AI 技术伪造图像、声音等手段进行诈骗。

小结："人"才是网络技术的使用者和创造者，是促成网络正能量的关键。当我们走出信息茧房，就可以利用信息工具走进全新的世界。

设计意图 通过短剧，让学生感知信息茧房的负面影响，合作探究形成自主自律的网络使用方法；通过探究信息茧房的社会效应，帮助学生形成保持思考的网络使用态度；开展素材对比，帮助学生认识网络技术的工具属性，感知人是网络正能量传播的关键。

◆ 环节三 出"茧"强责：强数字时代的责任 ◆

1. 看网络智能成果

（1）互动交流。

开展"我的智能生活"分享活动，说一说生活中离不开的智能软件。

（2）案例展示：《从中国制造到中国智造》。

出示 PPT：

南方智能变电站：实时监测设备状态，预警潜在故障，自动调整运行参数，确保电网的安全稳定运行。

华为智能异地医疗：具备远程会诊、远程手术指导等功能，使医生与病人在异地状态下实现面对面交流，并进行精准诊断与治疗。

城市智能交通：实现交通流量的实时监测与优化，根据实时车流情况自动调整信号灯时长，减少交通拥堵，提高出行效率。

农业智能灌溉：精准监测土壤湿度、养分含量及作物生长状态，从而制定最优灌溉和施肥方案。

小结：网络已赋能千行百业，算法正提高产业的效率、效能。

2. 思智能发展挑战

过渡：当前，很多人对人工智能的发展提出了不同的声音。

让学生提前就"人工智能发展是机遇还是挑战"这一问题进行网络信息检索，在班会课上分享内容。

师生提出人工智能发展既是机遇也是挑战。

小结：在数字时代，最重要的是我们自己是否具备真本领和强技能。

3. 强数字时代责任

引导：习近平总书记强调"坚持正能量是总要求、管得住是硬道理、用得好是真本事"。对于我们学生来说，在网络使用中坚持正能量最重要的是"人"（板书画蝴蝶触角），"管得住"是要形成自控力和思考力（板书填写蝴蝶左翅膀中的"管得住"）。

提问：面对数字时代的挑战，我们该如何"用得好"网络呢？（板书填写蝴蝶右翅膀中的"用得好"）

设计意图 通过感知智能网络工具对生活、生产带来的积极影响，强化数字时代的责任感；交流"人工智能发展是机遇还是挑战"的信息，践行合作共享的破茧行动，提升网络素养。

◆ 环节四　扬茧促行：展数智未来的行动 ◆

1. 人工智能体验官

教师担任某常用办公软件的人工智能体验官，借助该软件的 AI 功能，生成"在数字化时代，不同学段学生所需具备的知识、能力和素质"的建议。

小结：掌握当前所需的数字素养，主动感知并突破信息茧房，积极探寻与学习网络新技术，并在实际学习生活中灵活应用，是高效利用网络的关键。

2. 启动班级数智行动

学生通过合作探究，可从学习途径、学习目标，以及数字行业、网络道德等方面，形成"用得好"网络的具体做法，并形成班级未来数智行动的海报。

提问：为了未来能够适应数字时代的挑战，现在可以做哪些方面的准备让我们智慧地"用得好"网络？

小组合作，现场生成"用得好"网络的做法，并请小组代表进行分享。分享后教师进行总结。

小结：综合大家的分享内容，我们认为立足当前，高效利用网络，要明确学习网络技术的任务、目标，充分挖掘网络课程资源的潜力，密切关注数字行业的发展动向，并树立正确的网络道德价值观，共同构建健康、文明的网络环境。

教师提炼小组生成的"用得好"网络的做法，并板书到"数智行动"上方的方框中。

3. 助力礼物能量续

教师向学生赠送印有"走出舒适圈"字样的多彩硅胶运动手环，并引用《人民日报》上的一段话对学生进行激励：

踏出舒适圈，就是不断激励自己在接受新事物的时候掌握新技能。这些技能会帮你赢得"我能行"的自信、"我不怕"的勇气和"我想去做"的行动力。

一个人只有不断拓展自己能力的边界，才能变得更加强大，拥有面对风雨时的坦然与淡定。

教师表达赠送手环礼物的寄语：希望通过手环，提醒、监督和推动同学们走出信息茧房，踏出自己的舒适圈，提高自身的综合素养，去赢得面对新时代各种机遇和挑战的自信、勇气和行动力。

学生谈感想。

预设：与课堂初期因深陷信息茧房而感受到的橡皮圈般的束缚相比，手环的舒适感让我们深刻领悟到这节课突破信息茧房的重要性。从网络层面延伸至个人层面，进一步坚定了我们对未来的信心。

设计意图　通过自主合作探究，实现价值外化，引导学生结合数字时代的特点，运用人工智能素材明确当下的学习目标，探究面对数字未来的具体做法。以礼物的方式，鼓励学生走出舒适圈，用发展的眼光看未来，以努力的姿态迎接挑战。

将谣言一"网"打尽

——形成正确网络价值观主题班会

背景分析 »

　　网络已经成为人们日常生活中不可或缺的一部分，信息传播的媒介与途径也不断更新，未经证实的信息被随意转发、传播的现象愈发严重。"远离谣言，不轻信谣言"是网络素养的重要一环，这要求我们探索增强新时代新阶段公民道德建设实效性的创新路径。

　　青少年正处于"拔节孕穗期"，需要正面教育与引导。一些传播生活中、网络上不实消息的现象，影响了学生的身心健康，扰乱了班级风气。因此开展"形成正确网络价值观"的主题班会，引导学生增强辨别是非的能力，提升学生公民道德素养迫在眉睫。

班会目标 »

　　认知与理解：明晰谣言就在我们身边以及谣言的危害，讨论、总结谣言的特征。

　　情感与体验：感知远离谣言的重要性，提炼应对谣言的态度、方法。

　　意愿与行动：将"拒绝谣言，积极辟谣"内化于心、外化于行，并在生活中拓展应用。

班会准备 »

　　课前调查，设计和录制情景剧《钢笔风波》，准备线团、锦囊、行动单等。

板书设计 ≫

本次课的板书对应环节一、二、三的内容。

将谣言一"网"打尽

理性思考 —————— 不信谣

识谣辟谣 —————— 不传谣

心怀法度 —————— 不造谣

班会过程 ≫

◆ 环节一　调查讨论，谣言止于"知" ◆

1. 热身活动：你看到了什么？

逐一播放 3 张照片：

照片 1：小帆和小然两个人的合影照片。

照片 2：（照片放大后）旁边还有其他同学。

照片 3：（从另外一个角度看）大家站在走廊上晚读。

提问：通过这一组照片，你们有什么收获？

预设：眼见不一定为实，要多角度、思辨性地看待问题，不能只凭借自己的主观理解。（板书"将谣言一'网'打尽"）

2. 课前调查呈现

展示部分课前调查的问题：

问题 1：你在日常生活中听过谣言吗？

问题 2：你是否传过未经证实的消息？

问题3：是否曾有谣言给你带来困扰？

以图表和文字方式呈现班级调查结果。

提问：你看完调查结果有什么感受？

引导发言，体现谣言的危害。出示社会上的谣言带来的一些严重危害。

1. 扰乱公共秩序与社会稳定。
2. 重创经济产业链与市场信心。
3. 摧毁个体社会生存基础。
4. 侵蚀社会信任体系根基。

小结：谣言给传谣者、造谣者、周边的人都会带来严重的伤害。轻则影响班级氛围，重则扰乱社会秩序。

3. 辨析谣言特征

呈现课前调查的问题"你都听过哪些具体的谣言？"，以及近期网络、生活中的几大谣言。小组合作，共同讨论谣言的特征。

预设：

（1）细节不明，信息不清。

（2）画质低劣，截图残缺。

（3）画面惊悚，文字浮夸。

（4）张冠李戴，故弄玄虚。

（5）模糊不清，语焉不详。

提问：遇到辨别不了的信息怎么办？

预设：多途径求证。

教师提供求证的途径，如相关公众号（互联网联合辟谣平台等）、官方的通告、求证当事人、求证权威人士。

追问：求证不了的信息怎么办？

预设：等待真相的揭晓。（板书"理性思考""不信谣"）

设计意图 通过热身活动，学生直观感受到眼睛看到的不一定是真的；通过课前调查，学生体会到谣言就在我们每一个人的身边，并感知谣言带来严重的危害。通过小组合作辨析谣言特征，明晰理性思考、不信谣是公民道德的体现。

◆ 环节二 直观体验，谣言止于"止" ◆

1. 时光倒流，情景剧模拟

播放情景剧《钢笔风波》的视频：

镜头 1：某一天，小唐同学突然找不到妈妈送给她的那支钢笔。

镜头 2：室友们在安慰小唐的时候，小庭在阳台晒衣服。室友们便揣测小庭是因为心虚，所以不加入安慰。

镜头 3：谣言愈演愈烈，同学们纷纷开始孤立小庭。

镜头 4：两天后，班主任收到了小唐妈妈的微信，原来小唐把钢笔落在家里了。

镜头 5：深受谣言困扰的小庭决定休学……

教师组织学生进行情景剧模拟活动。

情景剧模拟活动

方式：小组合作。

任务：如果时光能倒流，你会选择怎么做，让小庭免受谣言的伤害？以情景剧的方式表演出来。

评价：其他组评价表演组的做法是否真的帮到了小庭。

学生可能的表演内容：

小庭（受害者）：勇敢澄清，积极辟谣；寻求同伴、老师的帮助，内心强大，尽量少受影响。

室友们（传播者）：全面、思辨地看待问题，根据谣言的特征辨别关于小庭的传言是否是谣言，停止传播谣言。

其余同学（旁观者）：全面、思辨地看待问题，制止谣言传播。

小结：面对谣言，强大而坚定的内心就是良药。（板书"识谣辟谣""不传谣"）

2. 自我反思

教师让学生们回顾之前的生活，思考自己有没有曾在哪个时刻，不经意间伤害到了他人。

设计意图 情景剧视频可以激发学生的兴趣，通过情景剧模拟，促使学生在真实的情境中从谣言"受害者""传播者""旁观者"等不同角色思考：当谣言发生时，我们应该怎么做，以制止谣言的传播，让他人免受伤害？

◆ 环节三 思考辩论，谣言止于"治" ◆

1. 新闻呈现

展示新闻：

新闻1：近日，一位网民在抖音评论区发布信息称"9月7日下午3点37分，地震震级7.8级，震中雅安市以内"。

新闻2：女子发视频，称自己在殡仪馆工作，日薪1600元。

新闻3：朋友圈、短视频成为谣言重灾区……

小组合作，讨论这些谣言会带来什么后果，讨论后完成谣言成本单。

谣言成本单	
人际关系成本	
个人形象成本	
法律责任成本	
其余附加成本	

出示对这些谣言的处理情况，为同学们提供"法律小贴士"。

法律小贴士

《中华人民共和国刑法》第 246 条：捏造事实诽谤他人，情节严重的，可处三年以下有期徒刑、拘役、管制或剥夺政治权利。第 291 条之一：编造虚假的险情、疫情、灾情、警情，在信息网络或其他媒体上传播，或者明知是上述虚假信息，故意在信息网络或其他媒体上传播，严重扰乱社会秩序的，处三年以下有期徒刑、拘役或者管制；造成严重后果的，处三年以上七年以下有期徒刑。

《中华人民共和国治安管理处罚法》第 25 条：散布谣言，谎报险情、疫情、警情或以其他方法故意扰乱公共秩序的，处五日以上十日以下拘留，可并处五百元以下罚款；情节较轻的，处五日以下拘留或五百元以下罚款。

《网络安全法》第 12 条：不得利用网络编造、传播虚假信息扰乱经济秩序和社会秩序。

（板书"心怀法度""不造谣"）

2. 微辩论，价值澄清

教师在班级内组织辩论，辩题是"网络谣言止于道德还是法律？"，正方为"谣言止于法律"，反方为"谣言止于道德"。辩论之后教师进行小结。

小结：拒绝谣言，共建无谣网络环境需要法律与道德的共同约束。

设计意图 通过新闻呈现和造谣成本的计算，学生直观感受到造谣传谣可能会受到法律的制裁；通过辩论，学生进行更充分的思考。

◆ **环节四　外化于行，谣言止于"智"** ◆

1. 身体力行，维护国家尊严

出示某些国家操纵舆论、抹黑我国形象的信息。

提问：看到这些不实信息你们有什么感受？可以做些什么呢？

预设：通过用事实回复，转发外交官的回应等方式守护国家荣誉。

出示反映我国真实发展成就的照片等。（配乐：《我和我的祖国》）

小结：真相是最强大的谣言粉碎机，我们要用自己的行动维护国家形象，捍卫国家尊严，这是每一个公民的责任与义务。

2. 自选任务，外化于行

（1）自选任务。

以小组为单位，选一个任务，课上完成设计脚本，课后完成作品。

自选任务

- 设计"无谣班级/校园"宣传海报，粘贴在班级/校园宣传栏。
- 为近日生活和网络中存在的谣言（课前调查中呈现的）拍摄一个"谣言变身记"系列 vlog。
- 在美篇 App 设计一个"拒绝谣言小贴士"。

（2）名言速递。

锦囊中的文字：

有两样东西，越是经常而持久地对它们进行反复思考，它们就越是使心灵充满常新而日益增长的惊赞和敬畏：我头上的星空和我心中的道德法则。

——康德

设计意图 学生习得当国家被谣言污蔑时，要牢牢守住"国家荣誉守护线"，同时做到理性而文明，提升远离谣言的情感意志。

第三章

健康素养教育

党的二十大报告强调要"推进健康中国建设","把保障人民健康放在优先发展的战略位置"。《"健康中国 2030"规划纲要》指出:"建立健全健康促进与教育体系,提高健康教育服务能力,从小抓起,普及健康科学知识。"在健康中国的时代背景下,提升学生健康素养应该成为所有教育阶段素质教育的重要内容。

针对不同年龄段学生,应引导小学低中段学生养成良好生活与卫生习惯,如健康饮食、运动及个人卫生;高段学生掌握基本健康知识与技能,培养健康意识与自主管理能力;初中生则注重心理健康、情绪管理,掌握健康知识,强化健康行为与自主管理能力。通过健康素养主题班会,逐步提升学生从生活习惯到健康意识再到健康素养的进阶,增强自主管理能力,为健康生活打下坚实基础。

健康素养类主题班会课重知识与技能的掌握,采用问题引领式策略激发师生间的协同探究精神。所谓"问题引领式策略",即通过多层次问卷、差异性对比等方式,触动学生的探究诉求,确立方向,引发思考。在《"321",晚安》班会中,通过问卷和实地采访揭示小学生睡眠问题,激发学生对改善睡眠的探究欲。而在《关爱自"脊",留"柱"健康》中,对比学生坐姿图集与新闻案例,引发对脊柱侧弯危害的关注。又如《小心"甜蜜"大爆表》通过拍摄饮食、调查甜食喜好及主食糖分,结合实验颠覆学生认知,为后续探索健康饮食奠定基础。此外,五大课例还采用分层递进策略,让学生在体验中意识到问题,引导他们探索健康知识,提升健康管理能力,培养良好的健康素养。

小心"甜蜜"大爆表

——饮食健康教育主题班会

背景分析 »

　　健康中国战略是食品产业发展的重要引领，"三减"（减糖、减油、减盐）是落实"健康中国"的重要抓手。现在一些青少年对甜食的追求不断提高，一些孩子成为"小糖人"（儿童糖尿病患者）。我们要帮助学生树立减糖控糖意识，引导学生形成健康的生活方式，提升健康素养。

班会目标 »

　　认知与理解：对糖形成初步认知，感受糖就在日常生活中。

　　情感与体验：通过科学实验、情景演绎等方式沉浸式探糖，激发减糖控糖的兴趣。

　　意愿与行动：学会正确选择糖，逐步养成减糖控糖的习惯，提升健康素养。

班会准备 »

　　教师设计家庭减糖菜单。学生准备"甜蜜"调查。制作视频《唐唐的一天》。

板书设计 »

　　本次课的板书对应环节二、三的内容。

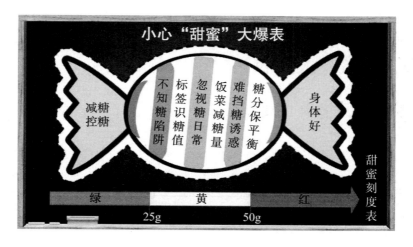

班会过程 >>

◆ 环节一 "甜蜜"的常态 ◆

1. 连接生活——找糖

播放原创视频《唐唐的一天》。

教师定格时间，学生说唐唐一天里吃了哪些食物。

2. 调查反馈——聚糖

过渡：唐唐一天里吃的食物在生活中很常见，同学们来汇报一下"甜蜜"调查结果。

预设：（展示调查问卷）我们发现大家吃的含糖食物的种类还真不少！有饮料、饼干、糖果……吃了甜食后，同学们会有开心、快乐、甜蜜的感觉。（播放采访视频）我们发现乳酸菌饮料、果味茶饮料、可乐、奶茶都很受同学们欢迎。

设计意图 通过视频与调查激发学生的学习兴趣，触动学生的探究诉求。将生活中常见的吃糖行为自然而然地渗透在教学活动中。"甜蜜"调查反映了学生的实际情况，为后续环节中测量糖分的活动做铺垫。

◆ 环节二 "甜蜜"的真相 ◆

1. 对话演绎——辩糖

过渡：唐唐喜欢喝可乐，他的妈妈却禁止他喝，听听他们一家人的争论。

（1）聆听对话，亲子互辩糖。

播放视频：

唐唐：妈妈，我这次数学考试考了满分，能向你要个奖励吗？

妈妈：当然可以，你说吧！

唐唐：我想要一瓶冰冰凉凉的可乐！

妈妈：那可不行！

（2）发表观点，交流送支持。

提问：你支持唐唐还是妈妈？

预设：

①我支持唐唐，数学考满分应该得到奖励。

②我支持妈妈，可乐喝多了对身体不好。

过渡：爸爸支持谁呢？

（3）播放视频，加深糖印象。

播放视频：

爸爸：妈妈说得对，我看了一个视频，都想把可乐给扔了！

播放实验视频：

把两个鸡蛋分别放进可乐和雪碧中，几天后，可乐中的鸡蛋壳变黑了。而两个鸡蛋的壳都发生了钙化，轻轻一捏就破了。

提问：你有什么想说的？

预设：可乐会让我们的牙齿变黑。

小结：看来唐唐的爸妈阻止他喝可乐，是想让他健康成长。

2. 科学实验——探糖

（1）糖分测一测。

过渡：可乐的含糖量真的那么高吗？请大家四人一组，合作实验，测一测受同学们欢迎的饮料。

用测糖仪检测可乐、某品牌果味茶饮料、某款奶茶和某品牌乳酸菌饮料的糖分。小组反馈测量数值。

提问：看着刻度表，你们想说什么？

预设：① 100 毫升的可乐竟然有 11 克的糖。②没想到这款乳酸菌饮料的糖分是最高的！

小结：不测不知道，一测吓一跳。一罐罐饮料竟设了那么大的陷阱。

（2）标签认一认。

过渡：但我们不可能随身带着测糖仪，去商店买东西该怎么选呢？

预设：看食物包装上的信息。

提问：你会根据哪一项信息判断糖分高低？

预设：

①脂肪，因为脂肪吃多了会胖。

②碳水化合物，因为它会在人体中转换成糖。

播放介绍碳水化合物的视频，了解人体中吸收的碳水化合物有糖类和淀粉。

小结：标签信息能让我们知道糖的数值，选择健康的食物。

（3）糖分大发现。

过渡：生活中有些食物特别是水果没有标签，猜一猜谁的糖分最高。

预设：①冬枣吃起来很甜。②榴莲的热量很高。

出示数据（100g 含糖量）：

榴莲：含糖 27g	冬枣：含糖 30g	奶酪：含糖 6g
番茄酱：含糖 16g	鱼香肉丝：含糖 21g	米饭：含糖 27g

提问：你们有什么想说的？

预设：

①没想到水果的含糖量这么高。

②番茄酱吃起来酸，但它竟然相当于 4 块方糖。

小结：这些都是隐藏在我们生活中的糖，味道不甜，容易让人忽视。

引导：看看这样的一日三餐，你们发现隐藏的糖了吗？谁能把出示的这些食物换一换。

预设：①把米饭换成玉米。②把番茄酱换成新鲜的番茄。

小结：我们都要适当地减少饭菜中的含糖量。

3. 健康科普——知糖

过渡：青少年一天摄入多少糖才是合适的？听听健康科普。

（1）健康科普。

播放视频，介绍《中国居民膳食指南（2022）》建议控制添加糖的摄入量，每日不超过 50 克，最好控制在 25g 以下。

（2）"甜蜜"分区。

甜蜜刻度表呈现糖量绿黄红三区（见板书设计）。

小结：超过 25 克，进入黄色警告区；超过 50 克，就进入了红色危险区；再多一点，"甜蜜"就会爆表！

（3）数据再现。

引导：测出了饮料 100g 的含糖量，接下来算算喝一瓶饮料会摄入多少糖分。

根据计算结果重新移动四种饮料在甜蜜刻度表上的位置。

小结：没想到这些饮料都到了红色危险区！

（4）疾病警告。

提问：如果长期吃高糖食物，你的身体会发生什么变化？

引导：你希望你的牙齿变黑、身材变胖吗？英国权威医学杂志警示：过度摄入糖会增加痛风、高尿酸、高胆固醇、冠心病等 45 种疾病的风险！

设计意图 "辩糖—探糖—知糖"，学生通过问题的层第驱动，达成思维层层深化，自主内化。"亲子辩糖"和实验视频带给学生真实的体验，"标签认一认""糖分大发现"和"'甜蜜'分区"等活动引导学生增强情感共鸣,激发减糖的欲望。

◆ 环节三 "甜蜜"的选择 ◆

1. 情景演绎——辨糖

过渡:唐唐决定做减糖宣传大使,我们一起走进他的生活。

(1)延伸——0糖不等于无糖。

康康:上完体育课来一瓶无糖气泡水,有气泡,喝得爽;味道甜,美滋滋;还0脂0糖0卡呢!

康康正想打开瓶盖,唐唐上前制止。

唐唐:无糖可不代表0糖!

播放视频:

无糖饮料通常是用不会使大脑产生饱和信号的甜味剂代替蔗糖,让人吃了还想吃,因此吃多了反而不利于身体健康。

提问:你们获取了什么健康小知识?

预设:无糖饮料不一定健康,最健康的饮料是水。

小结:在面对糖的诱惑时,要正确辨别和选择。

(2)思辨——减糖不等于拒糖。

康康:接下来我都听你的,什么糖都不吃,这下总该健康了吧?

唐唐:这该怎么劝呢?

提问:吃还是不吃呢?

预设:吃多了肯定不行,但不吃糖也不行啊。

2. 连接生活——择糖

播放音频：

唐唐爷爷：我常年高血糖，儿子就买了木糖醇给我解馋。

唐唐奶奶：我有低血糖，如果不吃糖，可要晕倒的。

呈现甜蜜刻度表。

小结：像唐唐奶奶这类人群，如果糖分摄入不足，处于 25g 以下，很可能就会晕倒。糖是身体的必需品，减糖不等于拒绝糖，要根据自身需求正确选择糖，保证糖分平衡。

设计意图 "辨糖"中讨论标识"无糖"的食物是否真的不含糖，帮助学生在面对糖的诱惑时正确选择糖。"择糖"引导学生在思辨中懂得减糖并非拒绝糖，学会平衡摄入糖，健康生活。选择贴近学生真实生活的素材进行演绎，引导学生在两难中自主澄清价值，形成正确的价值导向，增强价值判断力。

◆ 环节四 "甜蜜"的践行 ◆

1. 生活试练——配置菜单

根据唐唐一家人的健康情况制作减糖菜单。小组汇报。

> **配置菜单**
>
> 知道：了解唐唐一家人健康情况。
>
> 配制：小组合作配制减糖菜单。
>
> 说明：说说配制理由。

预设：唐唐的爷爷高血糖，我们把他饭中的冬枣换成了苹果，把晚上的可乐鸡翅换成了清蒸鱼。唐唐的妈妈在减肥，但她一天摄入的糖分太少了，我们给她的晚餐加了炒空心菜。

小结：要根据不同人的身体状况正确选择糖。

2. 国家层面——政策引导

引导：健康生活是每个公民的共同追求，新加坡颁布了限糖令，我们国家也实施了许多举措。

出示《健康口腔行动方案（2019—2025年）》的要求：

开展"减糖"专项行动。结合健康校园建设，中小学校及托幼机构限制销售高糖饮料和零食，食堂减少含糖饮料和高糖食品供应。向居民传授健康食品选择和健康烹饪技巧，鼓励企业进行"低糖"或者"无糖"的声称，提高消费者正确认读食品营养标签添加糖的能力。

健康理念大呼唤：减糖控糖身体好，小心"甜蜜"大爆表！

3. 实践行动——健康生活

课堂交流健康行动意愿，选择一项行动，课后实践，宣传健康理念。

行动实践卡		
宣讲志愿者	测糖小专员	菜单配制师
宣传减糖控糖的重要性和方法，普及健康生活理念。	动手测一测感兴趣的食物的含糖量，还可以给常吃的食物标记含糖量。	给社区里的邻居配制减糖菜单，把健康送给他们！

设计意图 引导学生将健康素养在生活中进行拓展，着眼生活应用，实现价值外化。不仅对学生在个人生活上进行正确指引，更让他们有"健康中国"的大理念。

"321"，晚安

——睡眠健康主题班会

背景分析 >>

2021 年 3 月，《教育部办公厅关于进一步加强中小学生睡眠管理工作的通知》明确要求"小学生每天睡眠时间应达到 10 小时"。部分学生并没有达到国家规定的睡眠要求，影响孩子睡眠的原因主要有课业压力大、不善于规划睡眠时间、家庭环境因素影响等。针对以上现状，我们开展了睡眠健康主题班会。

班会目标 >>

认知与理解：对睡眠形成多元认知，认识睡眠不足带来的危害。

情感与体验：体验管理好睡眠带来的愉悦，燃起管理好睡眠的自信心。

意愿与行动：学习与践行管理好睡眠的方法，培养规律的作息，养成健康睡眠的良好习惯。

班会准备 >>

教师设计睡眠时间轴、助眠九宫格。

学生分组，各小组在课前进行调查，采访同学以下问题：

（1）睡前安排。放学回家到睡觉前这段时间，你会花多少时间做哪些事情呢？请你在时间轴上把要做的事情——罗列出来。

（2）入睡时间。你通常是几点睡觉的？

（3）睡眠质量。你睡得好吗？让你睡不好的原因是什么？

板书设计 >>

本次课的板书对应环节三、四的内容。

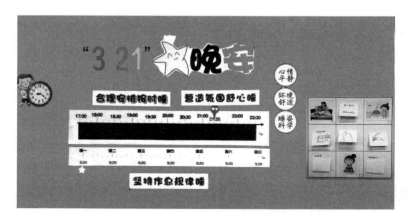

班会过程 >>

◆ 环节一　竞猜节日，引睡眠话题 ◆

1. 竞猜节日，引睡眠话题

（1）猜一猜数字代表的节日。

依次出示"3.8"（国际妇女节）、"3.12"（植树节）、"3.21"（世界睡眠日），引出睡眠话题。

（2）说一说睡觉的好处。

预设：睡好觉可以让我们精神饱满精力充沛，可以提高我们的免疫力，还能达到美容效果呢！

2. 专家解读，知睡眠原因

（1）出示"睡眠令"，提取关键信息。

2021 年 3 月份，教育部发布"睡眠令"《教育部办公厅关于进一步加强中小学生睡眠管理工作的通知》，提出小学生每天的睡眠时间应达到 10 小时，就寝时间不晚于 21:20。

（2）专家解读，了解背后原因。

播放音频：

一天中有两个时间段是生长激素分泌的高峰期：一个是晚 21:00（特别是 22:00 前后）至凌晨 1:00，另一个是早上 6:00 前后的一两个小时。如果分泌高峰期到来时你还没有上床，或者已经上床却没睡着，或者已经睡着但还没有进入深睡眠状态，激素分泌量就会大大降低。

设计意图 通过玩看数字猜节日的游戏，激发学生兴趣，知道"3.21"是世界睡眠日，并引发学生对睡眠的关注。利用专家解读的音频科普睡眠相关知识，让学生认识到充足睡眠的必要性、按时睡觉的重要性，从内心深处产生改变睡眠不良现状的愿望。

◆ 环节二　调查交流，激安睡共情 ◆

课堂上，小组代表以思维导图、饼状图以及采访视频等方式对调查结果进行汇报。

预设：大部分同学是 21:30~22:00 之间入睡，还有小部分同学在 22:00 之后入睡。入睡时间偏迟、睡不好，大部分原因是睡前安排的事比较多，睡眠环境受到干扰。

呈现全班的问卷调查表，根据同学们的调查发现，大部分同学存在"睡得迟"和"睡不好"这两个问题。

设计意图 通过课前调查、课上展示调查结果，学生发现共性问题，激发强烈的探究欲。

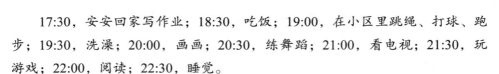

◆ 环节三 助眠闯关，坚安睡意志 ◆

1. 合理安排按时睡

（1）创设情境，进入助眠第一站。

引导：接下来，让我们跟着滴答滴答小闹钟进入——助眠第一站！

师：滴答滴答几点钟？

生：滴答滴答 17 点！

师：17 点了，托管结束啦，我们跟着安安去看看吧。

（2）时间轴上排项目，学会合理安排。

①观看视频，了解安安的睡前安排。

播放视频：

17:30，安安回家写作业；18:30，吃饭；19:00，在小区里跳绳、打球、跑步；19:30，洗澡；20:00，画画；20:30，练舞蹈；21:00，看电视；21:30，玩游戏；22:00，阅读；22:30，睡觉。

安安很困惑：唉，我已经很努力了，怎么又晚睡了呢？

②在时间轴上（见板书设计），回顾并板贴安安放学后做的所有事情。

③继续播放视频，呈现安安的两难情境。

过渡：要做这么多事情，安安也太难了，我们听听她怎么说。

播放视频：

过几天要召开体质达标运动会了，我跳绳比较弱。

过两个星期还要参加校艺术节绘画比赛。

唉，我该怎么做才好呢？

过渡：让我们赶紧想办法帮帮她，让她早点睡觉吧！

④在时间轴上重排项目，学会合理安排。

提问：第一层次减一减。哪些事情可以暂时不做，让安安早点睡觉？

预设：下周要参加绘画比赛，可以先把舞蹈放一放，这样既让重要的事情优先做，也可以让安安提早半个小时入睡。

提问：第二层次缩一缩。哪些事情可以提高效率，压缩时间让安安早点睡？

预设：学习时间可以省下半小时，努力在托管期间先完成一部分，洗漱还可以提高效率，节省 15 分钟，这样睡眠时间可以提前 45 分钟。

提问：第三层次调一调。这样的顺序，安排合理吗？可以怎么调整？

预设：洗完澡再画画可以调整为画画后再洗澡，这样更卫生，而且 20:00 左右洗澡，21:00 左右入睡刚刚好。

小结：经过我们这样一减一缩一调，安安就可以合理安排，按时睡了！

（3）运用方法，调整睡前安排。

二用调查表：教师拿出课前调查表，指名学生说一说自己的睡前安排。

让学生学着用减一减、缩一缩、调一调的方法重排项目，让自己早点睡。

提问：经过重新安排，提早了多少时间睡觉？

请 21:00 之前就能够安排好事情的学生举手。

小结：刚才这么一减一缩一调，我们的睡前安排更合理了！

2. 营造氛围舒心睡

（1）创设情境，进入助眠第二站。

出示闹钟图，师生问答："助眠第二站：滴答滴答几点钟？""滴答滴答21 点。"

（2）小组合作，玩转睡眠红绿灯。

睡眠红绿灯

活动要求：
1.不利于睡眠的行为，涂红灯，并说理由。
2.有助于睡眠的行为，涂绿灯。
3.将你想到的其他助眠小妙招，画在黄色便利贴上。

引导：在睡前这段时间里，怎么做才能让我们睡得更好呢？让我们玩一个睡眠红绿灯的游戏。

（3）交流汇报，补充"助眠九宫格"。

①交流不利于睡眠的行为。

预设：睡前打闹，看比较刺激的书籍，室内温度过低，睡姿不正确都是不利于睡眠的行为。

提问：怎样的睡姿才是健康的呢？

观看视频，发现平躺或侧睡有助于睡眠。

②交流有利于睡眠的行为。

预设：睡前亲子阅读、听轻音乐、泡脚可以让我们放松身心，是有利于睡眠的行为。

③分享小组内独特的助眠小妙招。

预设：冥想放松、做睡前瑜伽、喝热牛奶、提前1个小时泡热水澡……

小组代表将这些小妙招贴入助眠九宫格。

（4）选择适合自己的助眠小妙招。

教师让学生针对课前调查表中自己写的睡眠困扰，选择一个能解决睡眠问题的小妙招，写在调查表的时间轴上。学生分享自己选择的妙招。

预设：我的睡眠困扰是晚上总胡思乱想睡不着，我觉得睡前听点轻松的音乐可以帮我更好地入睡。

小结：让我们利用好睡前这段时光，根据实际情况，选择专属于自己的助眠良方，努力做到心情平静、睡姿科学、环境舒适，我们就可以舒心睡了。

3. 坚持作息规律睡

（1）创设情境，进入助眠第三站。

出示闹钟图，师生问答："助眠第三站：滴答滴答几点钟？""滴答滴答23点。"

（2）情景表演，在辨析中学会坚持。

情景剧：

安安：欧耶！终于到周末啦，今天晚上我一定要玩得尽兴些。

妈妈：安安，赶紧睡觉，怎么把按时睡觉的规矩破坏了！

安安：妈妈，没事没事！明天周六不用上课，大不了明天早上睡得迟些，反正周末想睡到几点就睡到几点！

妈妈：唉，这孩子！算了算了，反正是周末！

引导：你们同意这样的说法吗？谁来劝一劝？

预设：

①按时睡觉，让 22:00 的激素分泌高峰按时到来，有助于我们长高哦！

②好的睡眠不仅是睡够 10 小时，还得按照睡眠规律来！

小结：规律的睡眠有助于我们养成良好的睡眠习惯；即便拉长时间轴，不管是平时还是周末，我们都要做到坚持作息规律睡！

设计意图 立足学生生活中遇到的问题"睡得迟"和"睡不好"，在小闹钟上创设"17:00""21:00"以及周末的"23:00"三个助眠站点，搭建了三个层次的支架，在有趣的活动中解决学生的问题，得出"合理安排按时睡""营造氛围舒心睡""坚持作息规律睡"的助眠良方，引导学生思维节节攀升，养成良好的睡眠习惯。

◆ 环节四　坚持作息，促安睡落地 ◆

1. 回顾"321"，丰富内涵

师：这节课我们用上 3 个方法："合理安排按时睡、营造氛围舒心睡、坚持作息规律睡"；解决 2 个问题："睡得迟"与"睡不好"；努力养成 1 个好习惯。"321"既指 3 月 21 日睡眠日，也指这 3 个方法、2 个问题、1 个好习惯。

"321"，安睡铸就健康好生活！

播放视频：

充足的睡眠、均衡的饮食和适当的运动是世界卫生组织公认的三项健康标准，而睡眠排在首位。3 月 21 日，世界睡眠日，今天您睡好了吗？

2.坚持打卡，践行睡眠

（1）再次出示调查表。

师：那就请拿出你们的调查表，如果每天能做到21:20按时睡觉，就点亮一颗小星星。比一比，一个月下来谁点亮的星星最多。

（2）变身"好眠计划表"。

出示好眠计划表：

好 眠 计 划

1.放学回家到睡觉前这段时间，你会花多少时间做哪些事情呢？
请你在时间轴上把要做的事情一一罗列出来。

17:30 18:00 18:30 19:00 19:30 20:00 20:30 21:00 21:20 22:00 22:30

周一	周二	周三	周四	周五	周六	周日
21:20	21:20	21:20	21:20	21:20	21:20	21:20
☆☆☆	☆☆☆	☆☆☆	☆☆☆	☆☆☆	☆☆☆	☆☆☆

2.你通常是几点睡觉的？
A.20:30及之前　　　　B.20:30~21:00　　　　C.21:00~21:30
D.21:30~22:00　　　　E.22:00及以后

3.你睡得好吗？让你睡不好的原因是？

师：你们瞧，这样折一折，就形成一个属于自己的好眠计划表，可以把它放在床头，随时调整项目，坚持每日打卡，让我们好眠每一天！

设计意图　一张睡眠调查表贯穿了整堂课。此环节是第三次利用调查表：点亮星星打卡活动，并将这张调查表折成三角架，制作成专属于自己的助眠计划表，放于床头，起到提醒、监督的作用。

3.关灯仪式，世界晚安

引导：那就让我们行动起来，一起进入倒计时——3、2、1。

播放视频：

同学们逐一道"晚安"——关灯仪式，好眠每一天！

师：同学们，晚安！

设计意图 本环节从"321"的解读出发，用 3 个方法解决 2 个问题，养成 1 个习惯总结整堂课，并播放视频普及"3.21"世界睡眠日的内涵，倡导健康生活，最后通过 3、2、1 倒计时，设置关灯计划，齐道晚安，将健康安睡活动落到实处。

关爱自"脊"，留"柱"健康

——关注脊柱健康养成主题班会

背景分析 >>

脊柱，被称为人体的"第二条生命线"。但近年来，青少年脊柱异常问题多发、频发，正呈现逐年递增趋势。当下一些学生存在脊柱侧弯风险，更多学生姿势不良。调查中，很多学生未将"姿势不良"和"脊柱侧弯"问题加以联系。因此，开设一堂关注行为健康养成的主题班会课很有必要。

班会目标 >>

认知与理解：初步了解姿势不良等生活习惯和脊柱侧弯之间的联系，以及脊柱侧弯带来的危害，萌生关爱脊柱的愿望。

情感与体验：引导学生懂得爱惜脊柱。

意愿与行动：掌握正确姿势、护脊运动、平衡拎物等保护脊柱的可行方法，自觉践行护脊方法，留住健康，成就自信。

班会准备 >>

教师设计《护脊宣传手册》、"小脊"人物形象。

板书设计 >>

本次课的板书对应环节一、二的内容。

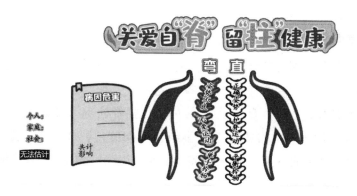

班会过程 >>

◆ 环节一 知现状：脊柱侧弯危害值 ◆

1. 数据面对面

观察员进行班级情况播报：

数据显示坚持坐端正的有 21 人，不能坚持坐端正的有 17 人。
（出示图片）弯腰背书包；趴着写作业；单手拎重物；躺床上看书。

提问：这是数据，有什么想说的？
预设：有接近一半的同学没办法坚持坐端正。
提问：看图片，你们又发现了什么？长此以往会造成什么后果呢？
预设：他们的姿势、习惯不好，这会伤害到脊柱。
播放视频：

一位 13 岁女孩因长期不良坐姿，脊柱侧弯严重，须送医就诊。

提问：大家得出什么结论？
小结：长期坐姿不良很可能导致脊柱侧弯。脊柱侧弯危害大，已经成为影响中国儿童青少年健康的第三大"杀手"。

2. 危害看得见

提问：那脊柱侧弯还有什么危害呢？（出示班会主题：关爱自"脊"，留"柱"健康）

教师提前做好《护脊宣传手册》，内容包括脊柱侧弯自测方法、护脊宣传歌、脊柱侧弯危害、护脊方法等。小组合作阅读《护脊宣传手册》，从中分析、归纳脊柱侧弯的危害，由小组记录员将结果填入"你知道脊柱侧弯的危害吗？"词卡（如下）。

你知道脊柱侧弯的危害吗？

1. 脊柱侧弯患者睡不好觉，不能平躺，不敢照镜子，也不敢出门。
2. 脊柱侧弯治疗预计花费 20 余万，治疗时间长，恢复慢。
3. 脊柱侧弯会影响就业。

预设：对个人身体、家庭经济、社会就业等都带来影响。

小结：脊柱侧弯影响着我们的方方面面，危害更是无法估计。我们应当行动起来，学会关爱自"脊"，留"柱"健康！

3. 自查定伤害

播放视频情境：加入护脊行动队，岗位晋升第一步——"脊柱自查员"。

> **户籍行动队**
>
> 户籍行动队共设计三级岗位：脊柱自查员—脊柱自护员—脊柱自爱员。
>
> 晋升要求：能够自查发现脊柱问题—掌握脊柱自护方法—实现正脊自信。

引导：想成为一级脊柱自查员，得先学会发现问题。"小脊"的主人等我们一探究竟。

播放视频《"小脊"主人每日学习生活记》。

提问：你发现了什么？

预设：姿势不良、不爱运动、单手拎物等。

过渡：课前我们进行了"脊检自查"。如果伤害有等级，请对照表格评估自己属于几级伤害。

脊检自查表

班级：　　　　　姓名：　　　　　符合以下所列情况，请打"√"。

1. 休息时，我习惯会趴一下。　　　　　　　　　　　　□
2. 我总是不经意间跷起了二郎腿。　　　　　　　　　　□
3. 上课时，我没办法坚持坐端正，会歪着身子坐。　　　□
4. 每天上下学，我背的书包比较重。　　　　　　　　　□
5. 在家时，我喜欢躺在沙发上或床上阅读。　　　　　　□
6. 下课时，我不太喜欢运动，能多休息一会儿就多休息。□
7. 平日里，我力气大，经常一只手就能拿起重的快递。□

我要重视第 _____ 条的问题，我的方法是 _____

_____ 来保护我的脊柱健康。

提问：听到有人说只是轻度。那轻度是否没关系？

通过脊柱模型演示弯曲度。

追问：现在是轻度，那继续这样子三年后又会怎么样？

播放视频，视频内容是一名女生脊柱侧弯速度发展快，面临瘫痪，做手术很痛苦。

小结：早发现，早治疗；没发现，早预防。

设计意图 观数据—明危害—脊柱自查层层递进，增强学生的情感共鸣。创设护脊行动队之脊柱自查员，激发学生探究兴趣，感受脊柱侧弯危害，进而推进班会课进程，为关爱脊柱做好铺垫。

◆ 环节二 明方法：脊柱侧弯齐改善 ◆

播放情境：岗位晋升第二步——"脊柱自护员"。

过渡：我发现我们班的同学坐姿挺好。除了坐姿好，你们还有什么方法？

1. 留"柱"健康第一招：正确姿势

（1）端正坐姿有方法。

一人演示坐姿，一人说明方法。

播放视频：

"小脊"主人说心里话

"小脊"主人：我也想坐端正听课，可是一节课要40分钟，这么坚持坐着多累啊！我真的好想靠着休息一下。

请学生上台演示如何调整坐姿。

小结：一个姿势不能长时间坚持，应适时调整。

（2）笔直站立需注意。

提问：你们听过"笔直站"吗？

一人演示站姿，一人评价对错。

教师用拍立得分别拍下端正坐姿、笔直站立的瞬间，贴在班级公告栏，成为脊柱自护的标准之一。

（3）适宜睡姿别忘记。

除了坐姿和站姿，别忘了躺姿，那"小脊"主人应当怎么睡？

播放视频，内容是枕头高度有讲究。

小结：看来正确姿势学问大，我们应该多关注。

2. 留"柱"健康第二招：护脊运动

过渡：坐了这么久，我们要适时调整，活动一下。

（1）游戏操，来放松。

动作分解学一学。进入运动游戏操时间。(播放马里奥游戏操)

做完操,让学生们说一说有什么感受。

(2)提建议,长坚持。

阅读《教育强国建设规划纲要(2024—2035年)》政策文件,其中提到中小学生每天综合体育活动时间不少于2小时。

小结:还有升级版本等着大家去挑战,记得多做护脊运动,这是脊柱自护的一大法宝。

3. 留"柱"健康第三招:平衡拎物

(1)小体验,齐思考。

引导:我给大家带了不少礼物,谁帮我把东西拿到讲台?

提问:刚才搬物同学的姿势是否正确?

预设:姿势不对,肩膀一个高一个低。

追问:那应该如何正确搬物?

预设:应当保持脊柱两边受力平衡。

(2)现方法,会拿物。

与学生们一起梳理方法,双肩包双肩背,快递箱双手拿,大物件会分担。

小结:学会平衡拎物,分担脊柱压力,"小脊"就会很高兴。

设计意图 通过体验正确姿势、游戏操以及学会平衡拎物等方法,学生初步知道如何保护自己的脊柱。

◆ 环节三 行方法:脊柱侧弯"慧"发现 ◆

过渡:检验你们是否是合格二级脊柱自护员的时候到了。

1. 考核单,我会看

开展学生活动,看"护脊红绿灯",分辨是否正确护脊。(在以下条目旁,把正确的贴上"绿灯",错误的贴上"红灯"。)

护脊红绿灯

1. 及时在校完成作业，减轻书包重量就可以轻松回家。

2. 躺在床上看书，真是人生一大幸事。

3. 我每天晚上坚持运动打卡。

4. 最近爱上了手机游戏，一玩就忘记了时间。

5. 放学回家第一件事：躺在沙发上，真舒服。

6. 周末，坐在床上看电视，垫着被子和枕头，看着看着就睡着了。

提问：原来还有这么多护脊"红灯"，那你们有什么护脊妙招？

学生提供妙招替代护脊"红灯"，形成护脊妙招墙。

护脊妙招墙

1. 及时在校完成作业，减轻书包重量就可以轻松回家。

2. 定期体检，及时关注脊柱健康。

3. 每天晚上坚持运动打卡。

4. 减少久坐，劳逸结合。

5. 调整枕头至适宜高度，保护脊柱。

6. 端正坐姿，少跷二郎腿。

2. 自查表，固方法

用收集的妙招来解决自查时的问题。有时候一坐就坐半天，现在起，应当起来活动下。

小结：你看，我们能用所学的自护方法来解决自查时的问题。

设计意图 引导学生在判断、思考、整合中坚定护脊方向。引入日常生活场景素材，使学生发现原来许多不经意的小事都有可能影响到脊柱健康。学生应当从自身出发，针对问题形成自己的专属护脊妙招。

◆ 环节四　升主题：脊柱直自信现 ◆

过渡：从自查到自护，感谢大家的重视。

1. 学会坚持，才有效率

视频引导："小脊"主人平时都认真坐好看书，就周末躺着看书放松一下不行吗？

提问：她这样子对吗？该如何建议？

预设：不对，没有坚持就没有效果。她周末应该做到跟平时一样，也要坐端正再看书。

小结：掌握正确的方法也要靠我们长期坚持才有用。

播放情境：岗位晋升第三步——向"脊柱自爱员"迈进。

2. 成为榜样，以正自信

提问：班级里谁是我们的正脊学习榜样？说说理由。

预设：我觉得班上 ×× 平时上课坐得挺端正，坐姿经常得到老师的表扬。

师：（分享照片）大家认真读书的样子，大家上课端坐的样子……多美呀！（播放视频）瞧！刚刚过去的亚运会，这么一群人被数亿网友点赞。

网友1：自信、美丽、大方！
网友2：这就是中国风采，点赞！
网友3：东方美，自信美！

提问：脊柱直有什么好处？

预设：坐得直、站得直显得人很有精神，让人十分自信。

小结：脊柱自爱不仅能带来健康，还能彰显自信。

3. 自律生活，成就健康

师：脊柱自爱需要靠日积月累。请大家共同签署护脊承诺书，守护我们的

"小脊"朋友。

承诺书

加入护脊小团队，成为健康正脊人

我自愿守护我的＿＿＿（是什么），坚持 ＿＿＿＿＿＿＿＿＿＿（怎么做），向正脊说好！

承诺人：

时间： 年 月 日

设计意图 从护脊健康升至正脊自信。一个人的身体姿态可以影响他的自信心，这与班会课育人理念相通。再以签署承诺书的方式，展现一种积极的态度，呼应本堂班会课的主题。

来吧，一起"动"起来！

——运动健康主题班会

背景分析 >>

　　人们体力劳动和运动减少，加之不良的生活方式，体质健康亮起了红灯。近年来的监测结果表明，我国学生的生长发育形态指标有增长趋势，但耐力和肺活量指标长期持续下降，肥胖学生的比例明显提高，近视眼发病率居高不下，身体素质跟不上日益发展的成长需求，青少年身心健康面临诸多威胁。在这样的趋势中，运动干预迫在眉睫。全民健身已上升为国家战略，体育强国梦表达着中国梦，发展体育运动能为中华民族伟大复兴提供凝心聚气的精神力量。

班会目标 >>

　　认知与理解：认识生活中的健康陷阱，思虑"怠动"原因，激发共鸣，生成内在动力。

　　情感与体验：体验全情运动优势，提炼科学运动方法，淬炼精神力量。

　　意愿与行动：激发运动的使命感和行动力，践行体育强国，奋斗有我。

班会准备 >>

　　教师设计体质健康比色卡、运动流程图。

板书设计 >>

　　本次课的板书对应环节三、四的内容。

来吧，一起"动"起来！

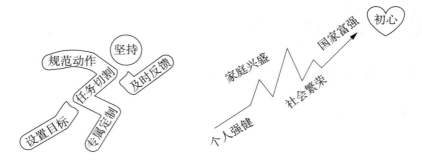

班会过程 >>

◆ 环节一　未雨绸缪——知不动之弊 ◆

1. 生活方式，有喜有忧

出示有以下内容的图片，询问学生假期生活以哪种方式打开。

（1）依赖电子产品，热衷速食，身形发胖。

（2）积极运动，阳光向上。

2. 信号排查，居安思危

排查学生是否陷入生活陷阱。出示体质健康比色卡，同时对应下列问题，数一数自身出现多少项。数量为1—3项，处于绿色健康区域；4—6项，处于黄色预警区域；7项或以上，处于红色危险区域。

肥胖，疲惫、睡眠质量差，容易受伤，运动后肌肉酸痛，近视加深快，记忆力减退，抵抗力下降，稍微运动就喘或走不了远路，很多事情力不从心，关节疼痛。

体质健康比色卡

提问：如果处于黄色区域和红色区域，我们应如何积极干预？

预设：我们可以通过科学的运动，积极地干预。

过渡：让我们一起"动"起来！

3. 热身运动，魅力自知

课前热身后，教师呈现视频，学生跟随音乐的节奏，齐做开合跳、左右跳、踢毽子、前后跳。

播放音乐：

> 拜拜　甜甜圈　珍珠奶茶方便面
>
> 火锅米饭大盘鸡　拿走拿走别客气
>
> 拜拜　咖啡因　戒掉可乐戒油腻
>
> 沙发外卖玩游戏　别再熬夜伤身体
>
> 来来　后转体　高温瑜伽仰卧起
>
> ……

提问：运动有什么好处？

预设：强健身体、缓解压力、克服惰性。

4. 精彩瞬间，擅动之妙

呈现班级同学运动的精彩视频。

提问：在他们身上，大家发现了哪些精神和品质？

预设：坚毅、勇敢、乐观……

小结：运动可以健全我们的人格。

设计意图　排查自身的危险信号，制造用行动塑造健康的紧迫感。现场热身和班级运动精彩视频，渲染运动优势，激发探索欲。

◆ 环节二 立足现实——思"怠动"之因 ◆

1. 数据自省，时间几许

教师呈现标准的日平均运动时长，以及本班一周以来的男生和女生分别在校内和校外的日平均运动时长。

	标准（分钟）	男生（分钟）	女生（分钟）
校内	60	67	70
校外	60	46	19

引导：国务院发布的《全民健身计划（2021—2025 年）》当中要求保障学生每日校内、校外各 1 个小时体育活动时间。

提问：（1）我们的优势和短板是什么？（2）我们可以把哪些时间利用起来运动呢？

头脑风暴后发表自己的见解。

预设：我们的优势是能在学校有足够的运动时间，且在老师的指导下能保证运动规范科学，但课后会疏于规划运动，出现运动方法不恰当，运动时间不足等情况。我们可以这样利用时间运动：

（1）放学途中以快走、骑车、慢跑等方式代替坐车。

（2）回家在写作业之前打一打羽毛球，恢复精力。

2. 情景模拟，态度几何

为响应全民健身的号召，同学们都决定要好好运动，结果放学回家后呢？

情景剧：

小红：这么累了，动都不想动。

小明：先放松下，运动迟点也没有关系。

小章：随便动动就好。（草草收场）

小李：来，说动就动！（动作认真规范）

提问：（1）你更赞同谁的做法？（2）小红、小明、小章出于什么样的原因才不想运动？

预设：方法不会、动力不足、耐力不够、收效甚微、不积极……

小结：这些在运动中遇到的困难和困惑，如果不去处理，我们确实会越来越懒。我们要尝试去改变，想办法让自己动起来，并且动得更好。

设计意图 数据自省和情景模拟中反思运动行为和态度，暴露同学们在运动中遇到的困难和困惑，撼动原本的"怠动"思想，形成运动管理意识。

◆ 环节三 升级体验——明驱动之法 ◆

1. 训练计划，方案引领

提供方案：

小李的运动计划

室内训练计划：

1. 跳绳 40 次＋开合跳 20 次（头顶击掌）。　　　　　　——休息 30 秒

2. 跳绳 40 次＋跪姿俯卧撑 20 次（前臂与上臂成 90°）。　——休息 30 秒

3. 跳绳 40 次＋仰卧起坐 20 次（抱头、手肘碰膝）。　　——休息 30 秒

4. 跳绳 40 次＋高抬腿胯下击掌 30 次（大腿与腰平齐）。　——休息 30 秒

5. 跳绳 40 次＋原地深蹲 20 次（大腿与小腿角度小于 90°）。——休息 30 秒

6. 跳绳 40 次＋波比跳 8 次。　　　　　　　　　　　　——休息 30 秒

1—6 算一组，每天三组，组间休息两分钟，严格做好计时与打卡。

提问：这当中有哪些值得我们学习的地方？

预设：设置目标、规范动作、任务切割、及时反馈、坚持……

2. 趣味比拼，凝练智慧

过渡：小李的方案能直接给我们用吗？我们也需要运动的个性化定制。

六人一组，思考有哪些运动可以在当下的场地进行（可自创）。思考后写在板贴上展示。讨论这些运动是否可行，给出真诚评价。

预设：青蛙跳、高抬腿、拉伸……

小结：运动上的选择很多，我们要从中找到适合我们的和我们喜欢的。

3. 想你所想，发展运动

对照自身出现的危险信号，找到适合并喜欢的运动。

危险信号	运动类型	运动项目
耐力不够	中等强度无氧运动	快跑
		对抗性强的球类运动
	中等强度有氧运动	步行、快走、竞走、慢跑、滑旱冰、游泳、骑自行车
易疲劳、体态有待调整	肌肉、耐力练习	俯卧撑、引体向上、仰卧起坐
平衡感不好、技能学习慢、易摔跤	灵敏性练习	往返跑、象限跳
	协调性练习	跳绳、跳舞、韵律操、鳄鱼爬
	平衡性练习	过独木桥、转圈投球、运乒乓球
关节痛	肌肉力量练习	太极拳
	柔韧训练	瑜伽

添加恰当的因素，整合专属运动计划。

时间	类型	项目
星期一		
星期二		
星期三		
星期四		
星期五		
星期六		
星期日		
原则：运动时心跳有所加快，微微出汗，睡眠改善，第二天精神饱满。		

小结：衣服尚需量体而裁，运动也该专属定制。

4. 安全抢答，氛围升级

科学运动的前提是安全，学生分小组利用抢答器，通过安全知识抢答为小组赋分，评选安全运动榜样人物。

小结：快乐运动，安全至上。

设计意图 借小李的计划归纳运动关键要素，进行个性化的专属运动计划设计和安全竞答，提升认识，提炼方法，形成科学运动观，培养高质量运动素养。

◆ 环节四 挑战自我——践运动之行 ◆

1. 历史思辨，家国责任

（1）以史为鉴，方知兴替。

出示图片：

图片1：1932年，第十届奥运会，中国一人赴会，万里关山，此刻国运艰难。

图片2：1936年柏林奥运会，报近30个项目，69人参赛，只有一人进入复赛。当地报刊刊登标题"东亚病夫"，配图"鸭蛋"。

提问：看到以上场景，你的感受是什么？

学生发表感想，感慨万分。

（2）体育强国，奋斗有我。

教师出示视频，展示体育的力量。

视频主要内容：

新故相推，日生不滞。2024年中国体育突破连连，中国体育改革不止，中国体育活力澎湃。赛场之外，体育普惠全民，为体育强国建设注入源源动力。从竞技体育到群众体育，从体育强国到健康中国，人民的健康、人民的幸福一脉相承，体育强国梦正在汇入中国梦的时代洪流中。

提问：①看完视频后你有什么感受？②体育如何强国？③从"东亚病夫"到"东方醒狮"，中国体育文化需要更多的中国元素、中国智慧、中国方案。作为青少年，你们可以怎么做，来贡献力量？

学生畅所欲言。

预设：

①中国体育建设硕果累累，从运动员装备到高科技设备，中国智造向世界闪耀着中国元素。体育文化有着深厚的内涵和独特的魅力。民族的团结和进步，祖国的繁荣昌盛令人自豪。

②中国运动员的每一次突破与超越都是对中国体育精神的生动诠释，鼓舞着全民族共同奋斗。中国体育人以自信自强、拼搏进取的精神风貌向世界展示新时代中国的风采和力量。体育产业的发展也满足着人民群众多样化的需求。身心的健康让每个人实现终身发展和全面发展。

③学、练、赛，我辈青年责无旁贷。示范、引领、突破，为梦想、为祖国加油。

小结：个人强健，家庭兴盛，社会繁荣，国家富强。

2. 运动挑战，积淀文化

为丰富班级的运动文化，发挥同学们的运动热情，班级准备举办运动"吉尼斯"，挑战班级运动之最，如一分钟跳绳数量最多，50米游泳用时最短等。

现场填写运动"吉尼斯"申请表。

姓名：	性别：	班级：
项目：		

运动口号：	
	申请人签字：
	申请时间：　　年　月　日
备注：需提前一周提出申请。	

同项组队，喊出口号，激扬士气。

小结：希望今天之后同学们能把运动变成热爱，让健康成为常态，让中国体育因你们而成为世界上乘风破浪的引领者。生命不息，运动不止！

设计意图　以历史素材为鉴，映照现实，远观未来。用运动"吉尼斯"做实践起点，激发学生们运动的使命感和行动力，锤炼青春担当的本领，淬炼精神力量。

熄灭愤怒的"小火山"

——情绪健康主题班会

背景分析 》》

愤怒是一种先天的应对威胁的方式，它常常唤起剧烈的攻击性情绪和行为，以便在我们遭遇攻击时迅速保护自己。它是人类正常的情绪，但如果它超出一定范围，失去控制，具有破坏性时，就会导致一系列问题。中小学生身心发展还未成熟，情绪体验深刻、迅速，情绪波动性大，自我控制能力较弱，容易对自己和他人造成伤害。因此，指导学生根据自己的情绪特点，掌握合理宣泄、控制、调节愤怒的方法，保持良好、积极的情绪状态是当务之急。

班会目标 》》

认知与理解：了解愤怒情绪的普遍性和带来的危害。

情感与体验：体验愤怒情绪，掌握正确调节情绪的方法。

意志与行动：践行情绪调节法，促进自身健康成长。

班会准备 》》

教师准备红色玻璃瓶、红色卡纸，进行课前调查。

板书设计 》》

本次课的板书对应环节二、三的内容。

熄灭愤怒的"小火山"

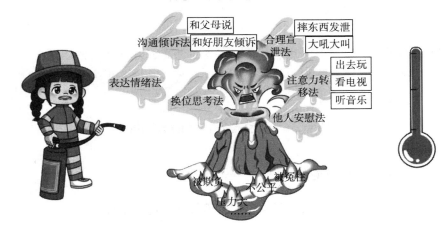

班会过程 >>

◆ 环节一　竞猜游戏，引情绪话题 ◆

1. 游戏导入，认识不同情绪

让学生进行热身游戏，看表情包，猜它们表示的心情。

小结：心情的种类有很多，但无论用什么词来描述，都包括喜、怒、哀、惧这四种基本情绪。

2. 数据调查，展现情绪困惑

提问：（出示课前调查数据）困扰你们的情绪有什么？

预设：伤心占 26%，愤怒占 39%，害怕占 23%，其他占 12%。

过渡：通过调查，发现最困扰同学们的情绪是愤怒。愤怒就像一座火山，会带来爆发的危险。

3. 借"火山瓶"，了解愤怒事件

出示"火山瓶"（红色玻璃瓶），里面是揉成团的红色卡纸，卡纸上记录了同学们曾经愤怒的一件事。

师：看，这是课前老师收集到的同学们的愤怒事件，它们就像一个个"岩浆球"，藏在愤怒这座小火山下。

设计意图 创设"小火山"情境，将情绪外化，激发学生的学习兴趣和课堂参与热情，让学生感受愤怒情绪的存在，为进一步深入情绪主题做好铺垫。

◆ 环节二　引经据典，激愤怒共情 ◆

1. 关注个体，谈感受

引导：到底有哪些事会引起同学们的愤怒呢？请同学抽取"岩浆球"。

同桌经常把垃圾踢到我这，我的位子都快成垃圾堆了。　　　　——被欺负
爸爸妈妈喜欢弟弟多过我，什么事都要我让着他。　　　　　　——不公平
同学的铅笔不见了，我之前坐过他的位子，大家就认为是我拿的。

——被冤枉
爸爸妈妈每天安排我去学习班，我都没时间做自己喜欢的事了。

——压力大
……

提问：你们当时是什么感受？
预设：
（1）我再也不想和他成为朋友了。
（2）我觉得爸爸妈妈不懂我，很想和他们吵一架。
（3）我当时很生气，都想打人了。

小结：每个人的"小火山"之下有着各种各样的原因，同学们的愤怒情绪越强烈，这"岩浆球"就越来越红，如果不及时清除，随时就会火山爆发。

2. 关注社会，知危害

播放视频《生气到底有多伤身》和新闻播报《课间"小动作"引发争议情绪失控伤同学》。

提问：从视频和新闻中我们能看到情绪失控有什么危害？

预设：会伤害自己的身体，还会破坏社会的稳定。

小结：情绪没有好坏之分，但是愤怒可能会给我们自己、身边的朋友，甚至整个社会带来伤害。

3. 呈现两难，寻求和解

引导：既然愤怒可能给我们带来这么多伤害，如果我们只拥有快乐而不生气，那该多好啊。

提问：愤怒的情绪伤人，那么是否可以不要这种情绪了呢？

预设：不行。

师：愤怒是一种值得注意的情绪信号，它提醒我们自我需求没能被满足。愤怒背后是渴望被尊重。

小结：喜、怒、哀、惧是我们人类正常的情绪，删除其中任何一种都是不行的。怒也是，所以我们得学会熄灭愤怒的"小火山"。

设计意图 聆听同学的愤怒事件，引起情绪共鸣。借讨论愤怒带来的后果，认识到消极情绪带来的伤害，达成学生的价值内省。最后提出两难之问，指出应调动内驱力"灭火"。

◆ 环节三　情景模拟，寻"降温"之法 ◆

1. 创设真情境，知温度

引导：最近，我们班的小雨同学遇到了一件事，我们来听听他的故事。

我叫小雨，在跑步测试中我跑了全班最后一名，同桌就给我起外号"小乌龟""毛毛虫"，我很不喜欢这样的外号。不仅如此，他还模仿我跑步的样子，引得大家哈哈大笑。我让他别说了，他就是不听。

提问：如果你是小雨，会有什么样的感受？

预设：愤怒。

提问：如果情绪能用温度来衡量，你觉得此刻小雨的温度是多少？说说你的理由。

学生谈感受。

过渡：过高的温度会带来麻烦，甚至会引发"火山爆发"，让我们化身"救火小分队"，帮助他来"灭火"吧。

2. 头脑大风暴，降温度

（1）聚焦自我降温度。

请学生们按照要求开展小组合作讨论。

小组合作讨论

1. 思考：如果是你，你会用什么办法降温度？
2. 将你们这组认为最有效的方法用 3~5 个字写在纸条上。
3. 音乐停，活动结束。

学生汇报，在板贴上贴纸条。

预设：出去玩、看电视、听音乐、和父母诉说、跟好朋友倾诉、摔东西发泄、在空旷地方大吼大叫。

（板贴"注意力转移法""沟通倾诉法""合理宣泄法"）

小结：通过同学们的小妙招，小雨的温度也降了好多。

（2）帮助他人降温度。

提问：如果加一个"灭火队员"，速度肯定更快，他可以是谁呢？

预设：朋友，或老师，或家人。

提问：身为小雨的同学，我们可以怎么做呢？

预设：陪伴、讲笑话、帮忙沟通。

（板贴"他人安慰法"）

小结：在身旁的我们不能火上浇油，而要帮助他熄灭愤怒情绪。

（3）社会资源降温度。

师：有些城市创建了"发泄屋"，专门给有情绪的人发泄。发泄完了，气

就消了一大半。（出示发泄屋图片）

小结：集体的力量真大，今天我们收集到了这么多办法，让我们把这些方法放进"灭火小锦囊"中，在遇到愤怒的事情时就可以用上了。

3. 灭火大圆盘，辨利弊

引导：老师有一些"灭火"方法，到底适不适合放进"锦囊"呢，让我们来判断一下。

> **游戏规则**
>
> 转动圆盘，判断是否适合放入"灭火小锦囊"中。
>
> （圆盘内容：和他人倾诉、暴饮暴食、进行适当的运动、高声歌唱、写日记、砸东西。）

预设：适合的方式有和他人倾诉、进行适当的运动、高声歌唱、写日记。不适合的方式有暴饮暴食、砸东西。

小结：合适的"灭火"方式能帮助我们走出愤怒，但错误的方式不仅不会"灭火"，可能还会带来新的麻烦，我们要学会分辨。

设计意图 通过自我降温—他人降温—社会降温分层递进，从不同角度探索如何给愤怒情绪降温。积累方法后再分辨其利弊，帮助学生建立正确的降低愤怒程度的思维模式，克服不合理的观念。

◆ 环节四　总结拓展，灭愤怒"火山" ◆

1. 回顾情境，解决自身问题

提问：通过这节课的学习，你们能否运用所学知识，帮助自己熄灭愤怒呢？

案例	方法
同桌经常把垃圾踢到我这，我的位子都快成垃圾堆了。	表达情绪法

案例	方法
爸爸妈妈喜欢弟弟多过我，什么事都要我让着他。	换位思考法
同学的铅笔不见了，我之前坐过他的位子，大家就认为是我拿的。	沟通倾诉法

2. 熄灭愤怒，畅想美好未来

过渡：解决了这些问题，我们会有什么变化？

预设：我们会变得开朗，班级会变得更有爱，社会也会变得更加和谐。

提问：解决愤怒情绪后，将纸团打开，发现纸团并没有变回和原来一样平整。这是为什么？

预设：纸张折过就会有痕迹。

追问：由此你想到了什么？

预设：当愤怒情绪发生了就像纸的折痕一样，即使平复后也会在我们心中留下痕迹。与其事后发生了再去舒缓情绪，不如早点控制情绪。

学生畅谈收获。

总结：今天学了那么多缓解愤怒的小妙招，希望同学们用上这些方法，成为开朗、乐观、身心健康的人。

教师布置拓展作业——将调节情绪的方法分享给朋友和家人。

设计意图 回顾自身的情绪烦恼，运用课堂所学内容解决实际遇到的问题，从而检验课堂实效，实现价值外化。顺势延伸到学生平时的学习和生活中，促进学生与他人和谐相处、快乐成长。

第四章

文明礼仪教育

《中小学文明礼仪教育指导纲要》指出："加强中小学文明礼仪教育，对于提高中小学生的思想道德修养，努力构建社会主义和谐社会，提升全民族的文明素质，增强国家的文化软实力具有重要意义。"

中小学生的文明礼仪有显著提升，但仍存在不足，有待继续改善。个人文明礼仪方面，礼貌用语使用欠佳，不文明用语增加；体态坐姿不良，着装追求标新立异。交往文明礼仪方面，部分学生不尊重师长，与同伴交往易冲动，常有不文明行为。社会文明礼仪方面，一些学生太过自我，不遵守公共场所的秩序和规范等。小学生心理可塑性大，从众心理强，小学阶段重在培养学生良好的文明习惯；初中生自我意识增强，人际交往需求增强，初中阶段重在让学生理解学习文明礼仪的意义，培养合作、参与、交往的能力；高中生有了强烈的自主意识，逐步成熟，应了解礼仪的渊源和内涵，掌握做人做事的原则，树立公民意识。开展文明礼仪主题班会课，引导学生将文明礼仪要求内化为个人修养和行为习惯。

文明礼仪主题班会课要坚持知行合一，可采用素材演绎式策略。师生共同搜集、分析、生成素材，学生进行演绎。如面向初中生的《眼中有距离，心中有礼仪》，通过让学生换位演绎，体会侵犯他人心理安全距离的不礼貌。面向三年级学生的《文明伞亮校园》，模拟丢伞的两难情境引导学生思辨。这种策略以真实情境素材演绎，让学生在其中实现价值判断与澄清，提升个人文明礼仪素养，自觉规范行为。

文明伞亮校园

——文明习惯养成主题班会

背景分析 »

　　文明礼仪不仅体现着个人素养，也是社会公德的表现。为了将德育工作做细做实，学校应制定贴近时代、贴近生活、贴近学生、便于操作的德育任务。而小学三年级学生整理习惯较弱，安全意识淡薄。本次主题班会以伞为例，帮助学生养成文明习惯。

　　每到雨天，校园内乱放雨伞、拿伞玩闹、拿错雨伞、被伞弄伤的情况屡有发生，因此教会学生如何正确、文明地使用雨伞非常有必要。

班会目标 »

　　认知与理解：了解雨伞来之不易，应爱伞护伞、文明用伞。

　　情感与体验：体验如何做整洁伞、安全伞和文明伞，并感受其重要性与意义。

　　意愿与行动：在生活中践行整洁用伞、安全用伞、文明用伞。

班会准备 »

　　学生每人准备一把雨伞。教师设计合作探究单，准备伞架；进行课前调查。

板书设计 »

　　本次课的板书对应环节二、三、四的内容。

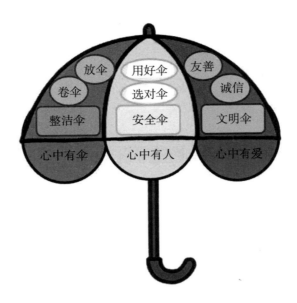

班会过程 >>

◆ 环节一　眼中有伞，知用伞现状 ◆

1. 动画导入，识雨伞家族

（1）动画激趣导入。

播放动画：

唐僧师徒四人西天取经，历经千辛万苦。有时遇见倾盆大雨，有时又遇上烈日当空。

提问：取经路上能带上什么就好了？

预设：伞。

（2）欣赏生活中的伞。

过渡：唐僧师徒没有伞，我们却有各式各样的伞。

播放各式各样的伞视频集锦。

（3）认识雨伞家族。

出示不同的雨伞种类。

2. 听伞娃哭诉，知制伞不易

（1）小伞娃的哭诉。
播放音频：

我叫小伞娃。每到下雨天，我总能为小主人遮风挡雨。可是我的小主人却一点都不爱惜我。他经常把我丢在学校好久都不接我回家，昨天拿着我和同学打架，今天又把我随手扔在地上。呜呜呜，谁来帮帮我呀！

提问：小伞娃为什么哭？在我们的班级，你见过这样的情况吗？
预设：见过，我经常看到雨伞被随意丢在角落里。
（2）呈现课前调查结果。
课前调查发现在班里不爱护雨伞、不文明用伞的现象严重。

3. 知制伞不易

播放工厂流水线制伞过程的视频。
提问：小小一把伞要经过那么多工序才能到达我们手中，你们有什么感受？
预设：做一把伞很复杂、很辛苦。
小结：制伞工序太复杂了，伞虽小却来之不易，我们要好好珍惜！

设计意图 动画导入激发学生了解雨伞的兴趣，伞娃哭诉引导学生反思生活中是如何对待雨伞的，观看制伞过程让学生知道爱惜雨伞。

◆ **环节二 心中有伞，习整洁用伞** ◆

1. 发现问题，知不良影响

小伞娃的第一站
同学们，教室走廊就是我们的家。每到下雨天，家人们总会变成这副模样。唉，请帮帮我们吧！

出示雨伞东倒西歪的图片。

提问：你们发现了什么？这样做有什么不好的影响？

预设：随意放置雨伞。这样做不美观、不安全，伞也易损坏。

2. 解决问题，习整理妙招

（1）卷伞有妙招。

①卷伞妙招1——用好束带。

学生尝试怎么卷伞更整洁。

提问：有没有好方法可以分享给大家？

预设：用束带固定雨伞。

引导：束带随便卷吗？

出示正确卷伞图片。

②卷伞妙招2——整理伞叶。

过渡：老师也想卷一把，和这位同学卷的步骤有什么不一样呢？

教师示范先整理伞叶，再顺着一个方向卷，最后系好束带。

③卷伞实践练习。

请同学们拿出雨伞，先整理伞叶，再系好束带。四人小组可以相互检查，相互帮助。限时90秒。

（2）摆放有妙招。

出示雨伞散乱图。

引导：那么多伞，怎么放才整齐呢？谁来出出主意？

①摆放妙招1——高低一致。

交流讨论后得出雨伞应摆放在一个高度。

②摆放妙招2——分类。

提问：雨衣和折伞挂不上去怎么办呢？

预设：可以将雨衣整理好统一挂在钩上。折伞都放在一起。

③摆伞实践练习。

请同学们将雨伞整齐地放在台上的伞架上。

3. 对比谈感受

提问：对比现在的伞架和以前的伞架，你们觉得为什么要做一把整洁伞呢？（指向板贴"整洁伞"）

预设：能保护雨伞，也能给他人带来方便。

小结：做一把整洁伞，就是在爱伞、护伞。整洁伞还可以美化校园环境，给他人带来方便。希望同学们都能做到心中有伞。

设计意图 学生通过讨论、示范、实践等多维活动，扎实有效地掌握了卷伞、摆放的妙招，解决走廊雨伞杂乱的问题，明白了心中有伞的道理。

◆ **环节三　心中有人，学安全用伞** ◆

小伞娃的第二站

在你们的帮助下，我的家人们终于变得又整齐又美观了。现在我来到了教室里，让我来看看你们的雨伞吧。咦，我发现好些雨伞不适合小朋友，藏着大危险呢！

出示因使用雨伞不当受伤的新闻截图。

过渡：因为错误使用雨伞受伤的事件经常发生。今天我们也来学几招，让小伞娃成为安全伞吧！

1. 精挑细选选对伞

（1）游戏驱动：小伞娃的安全考试。

让学生们同桌合作，当一当小考官。仔细比一比哪种伞更安全，在下面的图中打上钩。

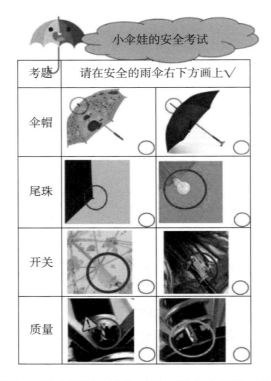

小伞娃的安全考试		
考题	请在安全的雨伞右下方画上✓	
伞帽	○	○
尾珠	○	○
开关	○	○
质量	○	○

预设：伞帽粗短、尾珠圆润、推拉开关、没有尖刺的雨伞是比较安全的。

（2）实践练习。

学生自查，根据所学辨析自己的雨伞是安全伞还是危险伞。

小结：像折伞和特别重的成人伞都不够安全，我们要选择适合小朋友的儿童伞，选对伞才能更好地保护自己和他人。

2. 火眼金睛用好伞

（1）游戏驱动：小眼睛发现大危险。

引导：观看下面的视频，视频里有一些用伞的危险行为。看完视频后请说说怎么安全地用伞。

视频内容包括学生拥挤着开伞，进室内不收伞而戳到同学，打伞遮挡视线，用雨伞打闹等。

预设：①不用雨伞打闹。②不在人群密集处开伞。③开伞时要与人保持一定距离，不能打到别人。④行走时雨伞不能遮挡视线。

（2）发散。

提问：生活中还有哪些不安全的用伞行为，请你们提醒一下大家。

预设：玩伞把雨水溅到他人眼睛里。

小结：同学们，小雨伞藏着大危险。只有我们时时刻刻把他人的安全放在心上，小伞娃才能成为一把安全伞！

设计意图 以"小伞娃的安全考试"和"小眼睛发现大危险"两个游戏为任务驱动，通过合作、辨析、实践、自查等方法让学生对雨伞使用问题进行判断，明白了选对伞和用好伞的重要性，并懂得心中有人的道理。

◆ 环节四　心中有爱，做文明之伞 ◆

小伞娃的第三站

同学们，我已经成为整洁伞和安全伞了，可是离文明伞还差一点点哦。因为我在操场上，发现了这样的景象，你们看！

1. 两难辨析，志当诚信伞

（1）情景模拟。

播放视频：

放学了，甜甜的雨伞却不见了，她哭诉自己回不了家。

提问：你们猜甜甜的雨伞到哪里去了？你们有过这样的遭遇吗？是什么心情？

预设：甜甜的雨伞被人拿走了，难过又着急。

（2）两难辨析。

播放视频：

甜甜发现教室门口还挂着一把伞没有人认领，想把伞占为己有。

提问：你们觉得这样行不行？怎么做才合适呢？有什么办法既可以解决没有伞的难题，又可以做到诚信呢？

预设：①向老师借。②等家长接。③留一张纸条先借走，明天再还。

小结：俗话说，有借有还，再借不难。这是一个人讲诚信的表现。

（3）生活中的诚信伞。

过渡：为了雨天时给大家提供方便，许多地方设置了诚信伞借用处。可是这些满满当当的诚信伞，一段时间之后却变成了这样。

出示图片进行对比，原本满满的诚信伞伞架变得空空荡荡。

提问：这些诚信伞都去哪儿了？大家用完为什么不还呢？

预设：因为贪心、偷懒、觉得无所谓等。

劝导：诚信伞想回家，你想对这些借伞不还的人说什么？

小结：因为一时的贪心或者懒惰丢失了最珍贵的诚信，可太不值得了。

2. 交流共情，争做友善伞

（1）校园里的友善伞。

播放雨天无人为没带伞的同学撑伞的视频。

提问：你会怎么做？你为谁撑过伞？谁为你撑过伞？

预设：同学、朋友、亲人之间相互撑伞。

（2）生活中的友善伞。

过渡：同学之间的友谊伞很美，陌生人之间的友善伞更美。

播放陌生人主动为有需要的人撑伞的视频。

师：友善就在我们身边。同学们让我们为这些友善伞鼓掌吧！

小结：雨伞撑起了诚信的天空，也联结着人与人之间的友善，只要心中有爱，雨伞就能成为文明的小使者。

3. 习惯养成，践行文明伞

小伞娃的心愿

同学们，谢谢你们，我终于成为一把文明伞了。你们能让文明伞一直开在我们的校园里吗？

师：好习惯贵在坚持，请带好"文明伞在行动"的习惯养成卡，如果你做到了，就打上一个钩。我们一起努力，让文明的伞花开满我们校园。

文明伞在行动					
	雨天 1	雨天 2	雨天 3	雨天 4	雨天 5
1. 整洁伞					
2. 安全伞					
3. 文明伞					
备注：完成请打"√"，每月评选一次"文明小伞娃"。					

设计意图 通过模拟生活中丢伞的两难情境，引发学生讨论。在诚信伞借与还的对比中，学生感受到诚信的价值。学生发现生活中的友善伞，明白只要心中有爱，雨伞就能成为文明的小使者。最后延伸"文明伞在行动"的好习惯养成计划。借助好习惯养成卡，打通家校协同教育，助力孩子们都能成为"文明小伞娃"。

进进出出的文明

——文明进出主题班会

背景分析 >>

《小学生日常行为规范（修订）》要求"到他人房间先敲门，经允许再进入"，文明进出也是小学生应遵守的重要的行为规范，是文明礼仪的重要体现。小学低段的学生由于生活经验不足和辨析能力弱，常常随意闯入老师办公室、不懂得看标识、不遵守先出后进的规则等。种种行为，给他人和自己带来危害。因此，无论对于个人、他人还是社会，文明进出都是一门有意义的功课。

班会目标 >>

认知与理解：认识正确敲门的方法和技巧，理解文明进出的重要性。

情感与体验：体验生活中文明进出的多种方式，树立彬彬有礼、心有他人的文明意识。

意愿与行动：践行做一名"文明进出小使者"。

班会准备 >>

教师、学生进行"门助手"培训；进行课前调查。

板书设计 >>

本次课的板书用于整体展示。

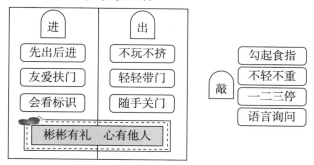

进进出出的文明

班会过程 »

◆ 环节一　敲门小课堂：学练文明敲门 ◆

1. 求助小猪，探查烦恼

（1）铺垫情境。

出示童话故事《小猪唏哩呼噜》中的小猪唏哩呼噜卡通形象，作为学生的学习伙伴。

引导：一起打打招呼吧！

（2）观看视频。

引导：小猪唏哩呼噜收到了老师发来的视频。

播放视频：

学生在办公室门外重重地敲门，并且大喊"老师，老师！"

（3）共情烦恼。

提问：老师的烦恼是什么？

预设：学生不会敲门，打扰了老师工作和休息。

2. 学校调查，发现问题

（1）呈现调查。

出示课前统计的学生敲门情况调查，让学生了解不文明敲门现象的普遍性。

（2）尝试敲门。

请学生把桌面当门，尝试敲门。

预设：学生的敲门方式五花八门。

3. 微课学习，习得方法

（1）学习微课。

观看敲门微课，学习敲门的指法、节奏、轻重等。

播放视频：

同学们，现在就跟着我走进敲门小课堂吧！敲门时，右手食指或中指弯曲，有节奏地敲三下。然后停顿半秒，再敲三下，如果没人回应，可以加上语言询问：请问有人在吗？同学们，你们学会了吗？

（2）学生交流。

提问：看完微课，你明白了什么？

预设：敲门时要勾起食指，敲三下停一停后再敲三下，敲门音量不轻不重，还可以用语言询问。

（3）再练敲门。

学习微课后，学生再次在桌面练习敲门，关注指法、节奏、轻重。

4. 创编儿歌，实战演练

教师边做动作边范唱。学生伴随音乐，边唱边进行敲门练习。再邀请一位学生站在教室门口进行敲门实战演练。

创编儿歌：

手指弯曲敲三下，不轻不重咚咚咚。停一停后再三下，如果没人请询问：请问有人在吗？

5. 敲门考场，情境辨析

小组抽取文明考题，合作进行问题探讨。

文明考题

1. 教师午休中，敲不敲门？
2. 办公室门开着，敲不敲门？
3. 小明迟到了，敲不敲门？

预设：

（1）教师午休中不应该敲门。但是遇到紧急情况，比如学生受伤、流血，我们要敲门，因为生命安全最重要！

（2）门开着，也要经过别人的允许才能进去，也要轻轻地敲一敲门。

（3）学生不应该迟到，万一迟到了，班级可以做一个迟到的约定：和教师示意后从后门轻轻走进教室，下课后再跟教师说明迟到的原因。

设计意图 "探查烦恼"敲门调查，激发学生内心认同，自然而然产生学习敲门的迫切心理。微课学习、儿歌练习、模拟敲门等多维体验增强学生的情感共鸣，引导学生加强对文明敲门的认识，掌握文明敲门的方法。文明考题和两难探讨探索现实中学生困惑的敲门问题。

◆ 环节二 进门小剧场：探究进门方式 ◆

"门助手"上台模拟成电梯门、推拉门，教师邀请个别学生上台尝试进门。教师引导学生观察同学的进门是否文明，针对现场问题，商议文明进门方式。

1. 小区电梯门

"门助手"一人伸直左手，一人伸直右手，模拟成电梯门。请两位学生进行体验，一位想从电梯出来，一位想进电梯。

提问：进电梯门时，我们应遵守什么规则？

预设：进门时，要遵守"先出后进"的文明规则，学会等待。

2. 便利店推拉门

"门助手"分别在当作门的手上贴上"推""拉"的标识。请两位学生上来，两人一前一后进门。

提问：进推拉门时，我们又该遵守什么规则？

预设：

（1）会看标识。进门时，要学会看"推""拉"的标识。

（2）友爱扶门。进门时，要学会观察，在后面还有人的情况下，学会扶门，给别人提供方便。

3. 特殊时期、特殊地方

我们在生活中要关注各种标识。比如进医院时我们要看温馨提醒，去施工重地等特殊的地方也要看安全标识。

设计意图 从小区里的电梯门，到便利店的推拉门，再到医院、工地等场所的特殊的门，学生在不同场景中，自主探究文明进门的实际方法和策略。以"文明敲门"为出发点，到"先出后进""会看标识""友爱扶门"的进门礼仪，进门的文明内涵分层递进、提升，学生的体验更有广度和层次。

◆ 环节三　出门修炼站：深化出门礼仪 ◆

1. 强化安全，内化文明

（1）商场旋转门。

提问：旋转门该怎么过？

预设：不玩不挤。门不是玩具，文明进门，体现的是修养，也确保了人身安全。

（2）新闻播报，交流感受。

新闻1：2020年11月20日，温州市一位七岁小男孩被酒店旋转门夹住脚，造成骨裂，送医院救治。

新闻2：2021年9月23日，长沙一位四岁男童，头部被旋转门夹住，造成头部、面部严重受伤，送医院抢救。

提问：看到这种种意外，你们有什么想说的？

预设：门不是用来玩的，我们不能玩门，否则会发生安全事故。

2. ABC，关注关门

（1）观看三种方式。

方式A：不关门；方式B：重重关门；方式C：轻轻带门。

提问：哪种关门方式最舒服？

预设：轻轻带门最舒服。

追问：怎样关门才叫轻轻带门？

预设：拉着门把手，驻足转身，轻轻关上，这样叫"带"。

（2）现场演示。

请一位学生上来演示轻轻带门。

（3）同桌讨论。

提问：什么时候也需要轻轻带门呢？

预设：①从阅览室出来，要轻轻带门。②弟弟妹妹在睡觉，要轻轻带门。③进诊室看病要轻轻带门。

（4）情感共鸣。

提问：轻轻带门还不够，我们还要随手关门。生活中什么时候应随手关门？

预设：①空调开放，我们要随手关门。②下班回家，我们要随手关门。③上完厕所，我们要随手关门。

3. 文明火车，学以致用

小猪唏哩呼噜开着小火车带学生出去旅游啦！教师创设"文明火车"开动的游戏情境，邀请学生坐上"文明火车"，带学生到不同站点，引导学生说一说怎么做更文明。

第一站：朋友家门口。去朋友家做客，你该怎么做？——文明敲门，礼貌询问。

第二站：教室。放学离开教室，你要怎么做？——关灯关电，关窗关门。

第三站：校门口。放学去校门口，哪种做法更文明？——文明道别，牢记安全。

第四站：公交车。公交车，两扇门，怎么上？——前上后下，秩序第一。

设计意图 通过新闻播报、三种方式讨论等，学生直观了解"不玩不挤""轻轻带门"和"随手关门"的重要性。"文明火车"让学生在活泼欢快的氛围中，启发思维，丰富体验，实操演练。

◆ 环节四 文明实践场：争做文明使者 ◆

1. 升华主题，传承精神

播放视频：

看见城市间的美好，开车司机在路上停车礼让时相视微笑；无论到哪里，他们都能遵守规则，还有那轻轻的一声"嘘"。生态建设者们身边充满友善，他们无时无刻地在守护绿水青山，把老祖宗留下的东西代代相传。还有很多这样的人，而他们做的，你也能做。

小结：我国自古是文明之邦。文明和修养不仅仅体现在进进出出中，还体现在生活中的方方面面。让我们共同努力，做一位彬彬有礼、心有他人的小学生！

2. 生活操练，实践文明

师：小猪唏哩呼噜给我们送来礼物"文明进出小使者"星星扣，它可以扣在我们的书包上，时刻提醒我们文明进出。如果你做到了，请在上面画上笑脸。

"文明进出小使者"星星扣活动

学生围绕"先出后进、友爱扶门、会看标识、不玩不挤、轻轻带门、随手关门"六项内容，进行为期四个星期的实操训练及评价。

如果学生做到了，请在星星扣上画上笑脸。

设计意图 运用"星星扣"这样童趣的形式，着眼实践运用，激励小学低段学生进行四周的文明进出操练，让学生争做"文明进出小使者"，将文明进出落实到行动之中，实现文明价值外化。

做好东道主，观赛礼先行

——文明观赛主题班会

背景分析 ≫

　　杭州亚运会开幕前，学生有强烈的现场观赛的意愿，但除了基本的参观礼仪，学生对运动会历史、竞技体育赛场的观赛礼仪知之甚少。以杭州亚运会为例，在大型体育赛事的观赛中还有哪些特殊的礼仪需要了解和掌握？在如杭州亚运会这样的由我国举办的国际综合性体育赛事中，如何通过文明观赛体现东道主的文明素养，反映礼仪之邦的博大胸怀，是设计本次主题班会的初衷和意义。

班会目标 ≫

　　认知与理解：了解文明观赛的基本礼仪。

　　情感与体验：感受赛场礼仪是对体育精神的敬畏。

　　意愿与行动：掌握和巩固文明观赛的方法，并将学到的观赛礼仪运用到校内外的每一次参赛中。

班会准备 ≫

　　教师准备哨子、红蓝袖标。

板书设计 ≫

　　本次课的板书对应环节二、三的内容。

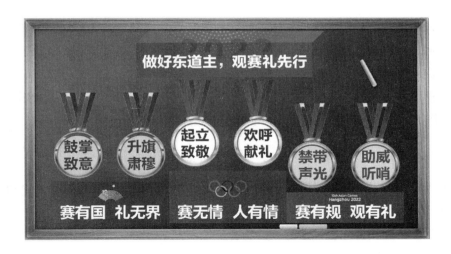

班会过程 ≫

◆ 环节一　喜迎亚运，聚焦赛场 ◆

1. 游场馆，激兴趣

观看视频《"穿越"亚运场馆》(杭州高科技亚运场馆速览动感宣传片)。

提问：请用一个词来形容我们的亚运场馆？

预设：(1)壮观。(2)现代。(3)时尚。

2. 摆数据，展现状

引导：你想亲临现场观看一场亚运比赛吗？

显示课前问卷调查结果。

小结：结果显示只有极个别同学有过现场观赛的经历，有超过95%的同学想去现场看比赛，但是对观赛礼仪知之甚少。让我们通过今天的课堂，成长为金牌观众。

3. 观视频，明正误

过渡：像亚运会这样级别的赛事，不是我们想去就去这么简单的。在我们刚过去的校园运动会中，就发生了不小的风波。我们去看看到底发生了什么。

播放《校运会中的那些班级风波》视频。主要内容为两个班比赛，其中一个班通过本班观众干扰比赛获得胜利，另一个班进行了投诉。

提问：你觉得他们的投诉有道理吗？

预设：有道理。观赛途中不可以干扰比赛，不能喝倒彩。"比赛战术"和"干扰赛场"不能混为一谈。

4.亲赛场，谈感受

提问：校运会的失利者与胜利者的心情分别是怎么样的呢？大家讨论一下。

预设：失利者伤心、愤怒。胜利者赢得不光彩。

提问：如果你是裁判，该如何判罚干扰赛场的行为？

预设：勒令停止不文明行为，驱赶涉事观众。

5.阅新闻，知后果

过渡：其实在体育比赛中发生纷争并不罕见，一起来看几则国际体坛新闻。

● 日本乒乓球名将××××投诉现场观众使用闪光灯。（内容略）
● NBA球星×××投诉第一排观众的不文明言行。（内容略）
● 法甲联赛球迷冲进场内与球员发生冲突。（内容略）

提问：新闻中比赛现场发生了什么？

预设：球迷使用闪光灯拍照，现场加油声太响，球迷情绪太激动。

追问：对比赛有什么影响？

预设：比赛被迫重赛或中止。

小结：《奥林匹克宪章》要求："每一个人都应享有从事体育运动的可能性，而不受任何形式的歧视，并体现相互理解、友谊、团结和公平竞争的奥林匹克精神。"体育比赛在不断完善赛制和规则的同时，也形成了约定俗成的观赛礼仪。文明观赛不仅是个人涵养的体现，在国际赛场上，更是参赛国公民文明素养的综合体现。

设计意图 观看校园比赛风波视频，让学生在头脑风暴中多维体验，增强情感共鸣，感知观赛礼仪关乎比赛进程。这一过程为文明观赛方法的指导做铺垫。

◆ 环节二　赛场文明，没礼不行 ◆

引导：近期，有三位同学作为观众，被邀请去观看一场迎亚运测试友谊赛。可是那个夜晚，他们状况百出，我们一起来帮帮他们吧！

1. 赛有规，观有礼

（1）观赛着装图。

图片内容为1号观众头系红领巾，手拿大喇叭；2号观众携带专业单反照相机；3号观众手持演唱会荧光棒，脖子上挂着拉拉队专用哨子。

（2）找茬。

提问：他们三人，谁能顺利通过安检？安保人员会怎么劝导？

预设：

①安保人员会没收1号的红领巾和小喇叭。

②安保人员会提醒2号拍照时不可以使用闪光灯。

③安保人员会没收3号的荧光棒和哨子。

小结：现场观赛，过"安保关"就有很多讲究，三位同学都被拦下来了，还被没收了相关道具。那现场观赛，到底该如何加油助威呢？

（3）音频：《哨子的独白》。

播放音频：

我是赛场霸主，没人能取代我的地位，你们要想加油助威，不是想喊就喊的，告诉你们一个口诀：开赛哨响速安静，得分哨响再鼓掌。

小结：国际顶尖赛事中有很多我们从未接触过的观赛礼仪。赛有规，观有礼。文明观赛，从我做起。

2. 赛有国，礼无界

过渡：为了奖励你们帮助三位观众通过第一关，顺利进入赛场，我们跟随他们到现场观看一场巅峰对决。

（1）赛事体验：撞拐。

学生现场体验撞拐比赛。撞拐，即玩家单腿站立，用另一条腿的膝盖相互碰撞，以将对方撞倒为胜。

①第一、二局比赛。

采访"观众"：满分 10 分，你为刚刚现场观众的表现打几分？为什么？

预设：10 分，大家都能文明听哨，文明鼓掌。

采访"助裁"：作为助理裁判，你有什么建议要送给现场观众？

预设：文明评论、尊重裁判、尊重结果。

②比赛结束，宣布获胜方。

追问观众的心情。

预设：开心；沮丧。

③撕下袖标，内侧呈现班级号牌。

提问：当你们看到这两支队伍所代表的班级时，你们有什么想说的？

预设：

早知是自己班，刚才就呐喊得更起劲点儿了。

早知不是我们班，刚才就省点力气了。

（2）迟到的掌声。

请学生针对刚刚过去的运动会，把没来得及送上掌声的时刻写下来，贴到黑板上。一齐把掌声补上。

设计意图 学生通过模拟现场观赛这一真实情境，习得观赛着装礼仪、助威礼仪，促成价值判断。创设"迟到的掌声"活动，在落实方法的同时，引发情感共鸣。

◆ 环节三　观赛有礼，眼里有你 ◆

引导：很多时候，赛场无情人有情，我们在赛场上遇到以下这些场景，你们会为他们鼓掌吗？

1. 赛无情，人有情

播放纪录片《最慢纪录保持者》，内容是世界各大赛事中最后一名运动员比赛视频合辑。

提问：他们不是比赛的赢家，甚至有些都没能完成比赛，你们会把掌声送给他们吗？会对他们说什么？

预设：拼搏和奋斗同样值得掌声。比赛不止有金牌，还有闪闪发光的体育精神。

2. 响礼节，享盛会

提问：（出示多国国旗）当这些国家的国旗升起，国歌奏响时，你们会怎么做？

预设：起立、鼓掌、欢呼。

小结：现代奥林匹克之父顾拜旦说，奥林匹克最重要的不是胜利，而是参与；人生最重要的不是成功，而是拼搏。

设计意图　学生关注纪录片中的失利者，感同身受。一个人在跌倒的时候，更需要鼓励和掌声。此时超越国界、超越成败，对人的尊重、对体育精神的敬仰也就水到渠成，达成价值内化。

◆ 环节四　一赛一礼，礼行亚运 ◆

1. 广运用，升主题

过渡：同学们，我们在这节课中习得了文明观赛的基本礼仪。而在国际综合性体育赛事中，不同的项目有各自独特的礼仪。

出示马术、高尔夫球、花样滑冰、马拉松比赛，请学生说说它们都有哪些独特礼仪。

小结："观"字在《说文解字》中的解释为"谛视也"，即仔细地看或用心观察。不管我们观什么，眼睛看到的永远是表象，用心看到的才是震撼的故事和精神。让我们用心观赛，用心推广和守护"观"的文明。

2. 行文明，提素养

（1）深入观赛。

小组合作制作简易观赛礼仪宣传手册，并选取一位代表，倡导班级其他同学文明观赛，做赛场文明小观众。

（2）赋能校园。

小组协同，运用所学为校运会制作一份观赛礼仪海报。并在班会课后深入各个班级，为他们献上一堂观赛礼仪微班会。

（3）迁移运用。

在生活中，还有很多地方都有特定的参观礼仪，请学生在班会课后和家人一起走进更多的场馆，了解更多的参观礼仪，做参观礼仪的守护人和推广者。

设计意图 制作宣传手册，启发学生深入挖掘具体项目的观赛礼仪，并让学生在课后拓展运用到更多生活场景中，引导学生主动了解、践行、推广参观礼仪，通过后续活动实现价值的外化。

眼中有距离，心中有礼仪

——社交礼仪主题班会

背景分析 >>

  良好的社会、人际交往是形成初中生良好心理素质的基础。对初中生进行社交礼仪教育，可以培养他们适应社会生活的能力。保持有形的身体距离，让我们的行为更得体；不触犯他人的心理安全底线，让我们学会尊重他人；从校园到社会，保持适当的距离，让人与人的交往更和谐，社会更文明。

班会目标 >>

  认知与理解：认识保持身体距离的必要性，进而理解礼让他人、有序有节的重要性。

  情感与体验：真正在心理情感上体会尊重他人。

  意愿与行动：从校园向社会层面拓展，将社交距离礼仪在行动中落实、提升。

班会准备 >>

  教师拍摄校园内"无序、拥挤"的画面。

  采访同学之间因距离过密而造成的不舒适情况。

板书设计 >>

  本次课的板书在课中进行整体展示。

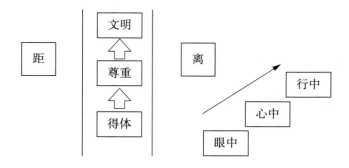

班会过程 >>

◆ 环节一 眼中有距离——得体 ◆

1. 情境再现，认识距离

提问：校园中这样的距离合适吗？

出示图片：

图片1：大课间跑操、中午吃饭时拥挤的楼道，大家推推搡搡。

图片2：几个男同学打闹，一个从后面抱一个，挨得很近。

预设：不合适。混乱，不安全；尴尬，不舒服。

2. 校园采访，认识得体

我们对一些同学进行了采访，提出的问题是："在校园里，什么情况下别人的'近距离接触'会让你觉得不舒服？"让我们来听听同学们怎么说？

播放视频：

生1：吃饭排队、跑操的时候，同学离我很近，有时甚至踩到我的鞋，我很不舒服。

生2：上厕所的时候，我一打开门，一群人正对着门口等着，我有点尴尬。

生3：后桌的桌子老往前靠，我的空间太小了，我不舒服。

生4：我在走廊上站得好好的，突然一个同学从背后把我抱住，是我的好朋友，但我还是有点尴尬。

生5：有一些同学关系比较好，走路总是挨着，这样把楼道堵死了，后面的人就过不去了。

提问：他们为什么这么近？

预设：他们很着急，他们关系好……

过渡：距离过近会给他人带来不舒服的感觉，那如果是这样呢？

出示保持距离之后有序整齐画面的图片。

小结：即使很着急，即使两个人关系很好，也要保持得体距离。

出示保持距离小贴士：

等一等、让一让，注意场合和对象。

设计意图 采用校园的真实素材，让孩子们在真实的情境中，增强情感共鸣，思考保持距离的重要性，感受在公共场合保持距离之后带来的有序以及行为举止的得体。

◆ 环节二　心中有他人——尊重 ◆

1. 一次求助，体会距离

引导：在公共场合，我们为了得体的行为，要与他人保持适当的距离，而私下里我们也都有自己的好朋友。好朋友之间的关系可以很亲密，然而老师收到这样一封信。

老师：

小悠是我的好朋友，我们两个关系很好，但是小悠给我取了个昵称叫"小白兔"。她觉得这样很可爱，可是我却不喜欢。我跟她说了很多次，可是她还是一如既往，我真的很苦恼，我需要您的帮助。

提问：你们有没有因为朋友的言语或行为而感觉不舒服的经历？

预设：（1）开过分的玩笑。（2）过密的身体接触。（3）不尊重隐私。

小结：过密的距离除了身体上的，还有心理上的——不合适地评论他人，随意动别人的东西等。这些其实也是对他人安全距离的侵犯，侵犯的是他人的心理安全距离。

2. 换位演绎，感悟距离

引导：回忆一下，你们有没有因为觉得自己跟朋友关系好，而对朋友做过你觉得没什么但朋友却不喜欢的事情。请把它写下来。

提问：有没有同学有勇气跟我们分享？

预设：我喜欢摸我同桌的头，但是他不喜欢。

课堂上角色扮演，进行演绎。

第一轮，情景演绎。老师扮演同桌 A，对同学 B 说出心声。

A：我不喜欢你这样摸我的头！

B：这有什么啊？我们关系那么好！

A：可是我不喜欢啊，除了我爸，我讨厌任何人摸我的头，更何况我有点洁癖，我最在意我的头发了。

第二轮，换位演绎。老师扮演同学 B，B 扮演同桌 A。

B：我们关系那么好，你都不给我摸。你忍一下，我都摸习惯了。

A：这怎么忍？忍不了！我跟你说了那么多次你都不听。

B：那我们不是最好的朋友吗？

A：那你也要站在我的角度想一想啊。

提问：经过这样的换位演绎，你有什么感受？

预设：不能简单地以自己的想法去对待他人，要考虑他人的感受。哪怕是最好的朋友，也要保持礼貌的距离。

出示保持距离小贴士：

想一想、换一换，尊重他人放心上。

3.两难思辨：社交恐惧症

过渡：不知道从什么时候开始，越来越多的人被社交恐惧症困扰。
辩论议题：

关爱社交恐惧症患者，应该跟他们拉近距离。
关爱社交恐惧症患者，应该跟他们保持距离。

出示相关链接：

1.社交恐惧症患者最害怕在公众场合被别人关注。
2.社交恐惧症患者在公众场合最希望寻求亲密的朋友的关注，有时候甚至希望朋友能寸步不离。

学生结合相关链接进行辩论。

小结：保持恰当的距离，给社交恐惧症患者一些空间，尊重他们，会让他们感受到温暖而慢慢融入。而由保持距离所产生的社会秩序，也会给他们带来更多的安全感。保持适当距离是途径，拉近距离是目的。保持恰当的距离，并非冷漠，而显温情！

设计意图 设置情景演绎，角色扮演和角色互换，让同学们真切地体验和感受如何在心中理解、尊重他人，并对真实问题进行两难思辨，增强价值判断力。

◆ 环节三　行中共携手——文明 ◆

1.携手行动，守护距离

引导：时代在发展，新的时代造就新的文明距离。
请同学们参考视频，选择合适的场景，以"眼中有距离，心中有礼仪"为题设计宣传片拍摄脚本。

播放视频：

小朋友踢球，在草地前停下，字幕显示：爱护的距离。
塑料瓶越过有害垃圾桶，扔进可回收垃圾桶，字幕显示：环保的距离。
汽车超过安全线停下，退回到安全线后面，字幕显示：安全的距离。
自行车停在盲道上，有人将其搬离，字幕显示：关爱的距离。

给定场景有放学后，校门口；下课后，洗手间；文明上网……
活动要求设计场景、人物、时间、台词（画外音），说明设计意图。
小组合作、上台展示拍摄脚本。
出示保持距离小贴士：

保持距离同携手，与时俱进共文明。

2. 拓展视野，升华距离

过渡：我们这节课讲的都是人与人之间的社交距离，其实把视野拓宽，我们还能看到更多需要我们去保持的"距离"。

提问：国家与国家之间，人与自然之间，需不需要保持距离？

预设：大国不要干预他国内政，互相尊重，保持友好；人类不能过度向自然索取，也不能将垃圾肆意地排放到大自然中，要敬畏自然；保持适当的距离，心中有礼，才能更友善，才会更和谐。

设计意图 分层递进引导学生，距离保持的背后是得体，是尊重，是文明。人与人是这样，国与国，人与自然又何尝不需要保持"距离"。拓展视野让学生思考得更加深入。

总结：两条直线，如果平行，可以无限接近，共同远行。一旦交叉，只会渐行渐远……

文明生活，从高铁开"驶"

——文明出行主题班会

背景分析 ≫

　　改革开放以来，中国出现了翻天覆地的变化，中国大地被高铁紧密地连接起来，高铁成了人们出行的重要工具。为了引导学生文明出行，通过教育的方式在学生心中播下文明的种子，进而辐射每个家庭，让自觉遵守规则、为他人着想的文明礼仪融入血液，凝聚起全社会的文明共识，开展文明出行主题班会必不可少。

班会目标 ≫

　　认知与理解：领悟文明乘坐高铁的重要性，激发学生文明出行的意识。

　　情感与体验：培养学生以遵守公共文明为荣的价值观，感受文明带来的美好。

　　意愿与行动：践行文明出行之法，将公共文明意识根治于学生内心。

班会准备 ≫

　　教师带领学生提前拍摄情景剧。

板书设计 ≫

　　本次课的板书对应环节一、二的内容。

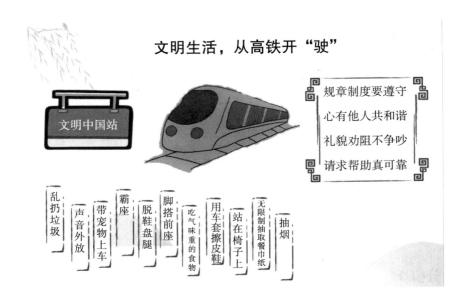

文明生活，从高铁开"驶"

规章制度要遵守
心有他人共和谐
礼貌劝阻不争吵
请求帮助真可靠

文明中国站

乱扔垃圾 声音外放 带宠物上车 霸座 脱鞋盘腿 脚搭前座 吃气味重的食物 用车套擦皮鞋 站在椅子上 无限制抽取餐巾纸 抽烟

班会过程 >>

◆ 环节一　连接生活，知文明现状 ◆

1. 列车招募

引导：（情境模拟）高铁发布了一个"监督员招募令"。咱们一起参加吧！

监督员招募令

　　高铁上的不文明现象，破坏了乘客的乘车环境，也易引发纠纷，不利于高铁的正常运行。现为了营造文明高铁、快乐出行的环境，特招聘监督员。期待您的加入！

（1）游戏测试，激发兴趣。

高铁招募监督员采用的方式是游戏测试，应聘者需要在一分钟内找出11处高铁上的不文明行为并制止。

预设：乱扔垃圾、声音外放、带宠物上车、霸座、脱鞋盘腿、脚搭前座、吃气味重的食物、用车套擦皮鞋、站在椅子上、无限制抽取餐巾纸、抽烟。

（2）任职成功，开启任务。

师：恭喜你们，成功通过了高铁的考验，辨认出了高铁上的不文明行为并及时劝阻，成为本列高铁"文明号"的监督员。

2. 任务启动

（1）巧妙分类，初识危害。

请学生根据危害等级图，对以上行为进行分类。

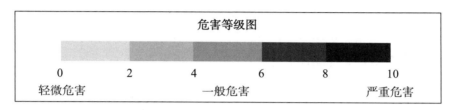

学生通过分类，明白不文明行为有不同程度的危害。

（2）思考讨论，说说影响。

结合文字材料和日常生活体验，小组合作讨论高铁上的不文明行为会造成什么样的后果。请学生从个人、他人、社会三个角度思考，并制作危害成本单。

出示文字材料：

自 2023 年 1 月 1 日起施行的《铁路旅客运输规程》第二十九条"对下列旅客，铁路运输企业可以拒绝运输"的情况之一有"扰乱车站、列车秩序，严重精神障碍和醉酒等有可能危及列车安全或者其他旅客以及铁路运输企业工作人员人身安全的"。

《中华人民共和国治安管理处罚法》第二十三条规定"有下列行为之一的，处警告或者二百元以下罚款；情节较重的，处五日以上十日以下拘留，可以并处五百元以下罚款"，所列行为中有扰乱公共汽车、电车、火车、船舶、航空器或者其他公共交通工具上的秩序的。

危害任务单	
个人	
他人	
社会	

学生通过制作危害任务单明白不文明行为有很多不同层面的危害。

小结：高铁上的不文明行为，不仅影响个人，更影响他人、社会。它妨碍交通秩序，破坏旅行环境，败坏社会风气，影响和谐氛围。我们需要唤醒每个人心里的文明意识。

设计意图 通过游戏测试、危害等级分类、制作危害任务单等多维体验激发学生的参与热情，引导学生进一步认识不文明行为，思考高铁上的不文明行为会造成不同程度的危害，从而凸显文明出行的重要性。

◆ 环节二 联系实际，明文明方法 ◆

1. 制作手册

引导：为了维护铁路旅客运输正常秩序，加大监管力度，促进文明乘车，"文明号"列车决定加强宣传引导，杜绝不文明现象。请你们制作一本乘客文明乘坐高铁的手册，引导乘客杜绝不文明行为，文明乘车，从我做起。

（1）一号车厢。

PPT呈现一号车厢的四组标语符号，全班一起猜一猜它们代表什么意思。板书概括"规章制度要遵守"（见板书设计）。

（2）二号车厢。

播放二号车厢视频：

一个女孩试图把行李放在行李箱架上，但是行李太重了，她放不上去，就把行李箱放在过道上。刚巧有一个大叔走过，被行李箱挡住，两人发生了争吵。

提问：两人为什么争吵？

预设：行李不能放在过道上。不能为了图自己方便影响别人。

追问：在高铁上有些事情能做，有些事情不能做，标准是什么呢？

预设：不打扰别人，要为他人着想，心中有他人。

板书概括"心有他人共和谐"（见板书设计）。

2. 观看情景剧，齐讨论

引导：当遇上别人的不文明行为怎么办？

乘高铁遭遇霸座第一幕

一位60多岁的老人买的是无座票，却坐在了你的位子上。你会怎么做？

预设：礼貌地请老人让座。

乘高铁遭遇霸座第二幕

老人迟迟不肯让座。旁边的陌生女士劝老人让座。老人言辞激烈："关你什么事？狗拿耗子多管闲事！""你们年轻人站一会儿怎么了？你买这个座位是你倒霉！"

学生可能会表示要和老人争吵。教师要引导学生明白争吵的后果。

乘高铁遭遇霸座第三幕

陌生女士气不过，吵了起来。争执过程中伴随着推搡，女士的面部被抓出了两道伤痕。她予以回击，在抓扯中，老人颈部也留下了抓痕。旁边的一位大伯看不下去，加入其中，也被抓伤。

板书概括"礼貌劝阻不争吵"（见板书设计）。

追问：那礼貌劝阻后没有任何效果，怎么办呢？

板书概括"请求帮助真可靠"（见板书设计）。

设计意图 学生自导自演的情景剧，进一步激发学生思考当自己不文明的时候怎么做，当别人不文明的时候怎么做，将文明出行的意识具象化。

◆ 环节三　两难故事，思文明风气 ◆

1. 两难故事

（1）辩一辩。

阅读以下材料，小组合作讨论，鼓励学生就以下情景剧发表自己的观点并陈述理由。

乘高铁遭遇让座

你和你的朋友已经坐在了连在一起的三个座位上。这时一位60多岁的老人走过来，跟你们说国庆期间很难买到票，她不知道怎么在网上买票。她腿脚不好，站久了很累。

预设：

①我认为要让，我们要关爱老人，高铁旅程不短，老人更容易发生意外。

②我认为不应该让。高铁上是凭票就座的，不是随意坐的。年轻人工作也很辛苦。

（2）说一说。

提问：在辩论的过程中，你们有什么想法吗?

预设：每个人都有自己的难处。特殊情况下，可以具体情况具体分析。让座是一种个人自愿行为，拒绝道德绑架和人身攻击。但是礼让行为是值得倡导和鼓励的。

2. 献谋献策

请学生作为监督员，替"文明号"写一封信给乘客，呼吁乘客们文明乘坐高铁，共同呵护"文明号"的文明、美好。

挑选几位学生读一读自己的建议信。大家集思广益，一起为文明出行出谋划策。

设计意图 紧接着"霸座"的"让座"情景剧，使学生在两难故事中学会换位思考，明白每个人都有自己的难处，换、让座要具体情况具体分析。通过写建议书，学生认识到文明出行不只是个人内发的行为，也需要社会的制约。

◆ 环节四 实践升华，做文明公民 ◆

1. 迁移运用

（1）问一问。

提问：作为监督员，我们在这节课收获了文明乘坐高铁的礼仪。这些礼仪我们还可以运用到哪些地方呢？

预设：公交车、地铁、轻轨、飞机等。

小结：乘坐公共交通工具，我们都可以用上这些礼仪。甚至搭乘私人的交通工具时，我们也可以用上这些礼仪。

（2）做一做。

介绍六度空间理论并展示六度空间理论图示。

引导：你的文明行为可能通过你的介绍传播给更多人，甚至传播给你不认识的人。现在让我们一起做一个文明宣传大使。向一个人宣传就盖一个章，完成十次宣传，可以凭卡片领取小礼物。

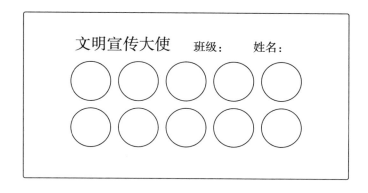

2. 实践升华

全班一起郑重承诺，齐念下面的承诺内容。

自古少年重承诺

"当高楼大厦在我国大地上遍地林立时，
中华民族精神的大厦也应该巍然耸立。"
个人文明礼仪一小步，
国家民族素质一大步。
我们，作为中华民族的希望，
将以我们的力量、才智和爱心，
共建文明中国。

总结：同学们，什么是文明？我想文明应该是根植于内心的修养，无须提醒的自觉，以约束为前提的自由，为别人着想的善良。让我们一起乘坐"文明号"，奔赴文明中国！

设计意图 学生在讨论和思考中丰富文明出行的宽度和广度，并将思考延伸到行动中，在行动中践行文明出行的初心，最后形成自己的价值判断，今后自觉成为与文明同行的青少年。

第五章

爱国主义教育

习近平总书记说："爱国主义是我们民族精神的核心，是中华民族团结奋斗、自强不息的精神纽带。"2024年1月1日起，《中华人民共和国爱国主义教育法》要求："各级各类学校应当将爱国主义教育贯穿学校教育全过程，办好、讲好思想政治理论课，并将爱国主义教育内容融入各类学科和教材中。"

当代学生身处信息洪流，爱国主义思想易受冲击。小学中高段学生因缺乏实践体验，对爱国主义理解空洞；初中生虽有爱国情感，但行为认知片面，停留于口号；高中生爱国意识萌发，但思想泛化、行为抽象，缺乏"少年强则国强"的信念。针对这些问题，我们应引导小学生深入了解红色文化，树立正确历史观；引领初中生认同中华文明，增强国家认同感；引领高中生增强个体与祖国共发展的共荣意识。通过爱国主义教育主题班会课，帮助学生从感受、传承到发扬爱国主义精神，逐步进阶，实现爱国情感和行为的有效落地。

为引导学生真心热爱祖国，避免爱国主义教育单一化、僵硬化，我们采用"多维体验"策略。通过游戏、角色扮演等多维方式，如《从中国制造到中国创造》中的模拟思维体验，让学生直观感受利润分配差距，激发奋斗信念。《小纽扣，扣紧爱国心》通过活动式身体体验，重现红军战斗场景，佩戴军帽感受革命精神。这些方式让学生产生情感共鸣，自主思考，实现认知与行为统一。师生协同探究，使数字、历史场景成为情感激发的思考点和延伸点，自然而然达成爱国教育的目标。

争当护旗手　守护中国红

——传承红色革命精神主题班会

背景分析 》》

　　五星红旗是我们国家的象征与标志，彰显着国家和民族的精神。青少年正处于塑造价值观的重要时期，引导学生把爱国情、爱国行自觉融入生活，是很有必要的。从课前调查问卷中了解到：孩子对于国旗的基础知识有所了解；对于国旗的象征意义认识不够深刻，对于护旗手的了解过于单一，印象过于刻板，身份认同感缺乏；爱护国旗的行动力不足等。因此，本次班会从护旗的不同角度和多个维度出发，对学生进行爱国主义教育。

班会目标 》》

　　认知与理解：了解国旗的意义，深刻认识到五星红旗是我们的骄傲。
　　情感与体验：激发学生立志爱国的感情。
　　意愿与行动：掌握"大国旗""小国旗"的护旗方法，增强爱国的践行意愿。

活动准备 》》

　　教师准备国旗心贴纸、手持国旗、护腕，做成盲盒。

板书设计 》》

　　本次课的板书在课上整体展示。

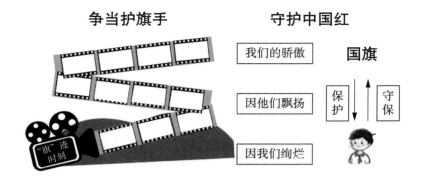

争当护旗手　　守护中国红

我们的骄傲　　国旗

因他们飘扬　　保护｜守保

因我们绚烂

"旗"迹时刻

班会过程 ≫

◆ 环节一　漫游国旗馆，知"旗"迹 ◆

引导：（以语言导入情境）7 岁的小坤带着国旗去过 50 多个国家旅行。这节课我们也和小坤一起带着国旗，开启"旗"迹之旅。

1. 国旗知识厅——认识国旗

（1）快问快答：国旗知识知多少。

让学生们就以下问题进行快问快答：

国旗的设计者是谁？

A. 曾联松　　　　　　　　　B. 毛泽东

国旗诞生的时间是什么时候？

A. 1949 年 9 月 27 日　　　　B. 1949 年 10 月 1 日

（2）补充资料。

为学生们补充以下文字资料：

1949 年 10 月 1 日是第一面作为中华人民共和国国旗的五星红旗在开国大典上升起的时间。

（3）解锁盲盒。

完成快问快答环节，获得国旗心贴纸。

2. 国旗荣耀厅——见证"旗"迹

（1）播放历史事件图片，阅读学习资料。

出示图片及对应的资料：

资料1：1949年10月1日，新中国第一面五星红旗在天安门广场冉冉升起。

资料2：1971年11月1日，五星红旗第一次在联合国总部上空升起。

资料3：1984年7月29日，许海峰夺得男子自选手枪射击比赛金牌，五星红旗第一次在奥运会比赛场上升起。

资料4：1997年7月1日凌晨，中英两国政府香港政权交接仪式上，中华人民共和国国旗和香港特别行政区区旗一起升起。

资料5：2003年10月15日，我国第一艘载人飞船"神舟五号"成功升空，展示国旗。

资料6：2015年3月29日，飘扬着五星红旗和海军军旗的军舰驶入也门亚丁湾港口，撤离因战火被困的中国同胞。

（2）"旗"迹时刻。

小结：我们国家的国际地位、国家主权、航天、军事各个方面都越来越强大，一面面五星红旗的升起见证着中国从站起来到强起来！这一个个重要的历史时刻都可以被称为"旗"迹时刻。

3. 国旗放映厅——国旗意义

（1）播放影片片段。

片段1：在某两国边境交火处，营救人员高举五星红旗顺利通过交战区。

片段2：一名中国推销员手持五星红旗安全通过非洲战乱地区。

（2）学生谈观后感。

预设：国旗就是国家的象征和标志，五星红旗保护着我们，是因为我们有一个强大的祖国。我们为五星红旗骄傲，为中国而自豪！

设计意图　创设漫游国旗馆的情境，激发学生学习兴趣。借助"'旗'迹时刻"，学生从历史横轴感受五星红旗就是国家的标志和象征。学生观看电影片段，联系生活实际，切实感受到五星红旗是我们的骄傲。

◆ 环节二　畅游体育馆，"慧"护旗 ◆

过渡：（以语言导入情境）国旗保护着我们，那么我们该如何爱护国旗呢？出发前往第二站，去体育馆寻找"护旗行动"吧。

出示本次课讲的"大国旗""小国旗"是什么。

大国旗：飘扬的五星红旗的旗帜。

小国旗：拿在手上的手持国旗或者贴在脸上的国旗贴纸。

1. 领奖台——"大国旗"，怀敬意

（1）播放视频。

运动员在赛场上的护旗行动

镜头 1：某位运动员拒绝在国旗上签名。

镜头 2：某乒乓球运动员发现国旗拿反，立刻调整。

镜头 3：某运动员在亚运会 100 米短跑比赛中获第七名，教练将国旗递给他披上。他回复："我可以第七，但是国旗不行。"

镜头 4：在世界游泳锦标赛上，中国游泳运动员获得冠军，领奖台上举行升旗仪式时，国旗升到一半掉落。运动员要求重新升旗。

（2）学生分享。

预设：①拒绝在国旗上签字，就是护旗行动。②国旗不能反拿也不能倒

挂，不然对国旗不尊重。

小结：运动员们在赛场上用行动守护国旗，不乱涂乱画，正确悬挂国旗，把国旗荣耀看得比自己的更重要，对国旗怀有崇高的敬意。这就是我们在赛场上找到的"慧"护旗的方式。

2. 观众席——"小国旗"，要爱惜

（1）找一找："护旗"行动。

出示观众摇旗呐喊、人手一面手持国旗、脸上贴着国旗贴纸等的图片。

引导：用过的手持国旗和国旗贴纸该怎么处理呢？

教师示范讲解。用过的手持国旗要妥善保管，不可以丢弃。国旗贴纸撕下来后，将红色一面往里折，折成一团，一点儿红色不外露。看不出是国旗贴纸后，再扔进垃圾桶。学生跟着做。

（2）辩一辩。

提问：国旗贴纸也就是一张纸，反正都是扔，这样做是不是多此一举？

预设：不管是手持国旗还是国旗贴纸，它们都是国旗！这"一举"就是护旗行动，是爱国的表现。即使是对手持国旗、国旗贴纸，我们也要爱惜，妥善处理。

设计意图 通过沉浸式体验运动场、观众席两个场域，学生"观察—体验—辨析"，层层了解护旗方法。通过动手体验活动，掌握护旗技巧，感受小举动中的爱国心。

◆ 环节三　环游开山岛，立旗"志" ◆

过渡：同学们学会了护旗方法，接下来我们要前往第三站——开山岛。开山岛是中国黄海前哨，被誉为"海上布达拉宫"。

1. 体验活动：环游开山岛

老师依次出示开山岛的环境条件，学生据此判断愿不愿意前往，自主选择。愿意前往即起立，不愿意则坐下。

（1）介绍开山岛的环境条件。

教师逐一出示优势条件：四面环海，视野开阔；空气清新，无垃圾；空房间随意挑选；只有 2 个足球场大小，环游便利。

逐一出示劣势条件：房间是几间破营房、到处都是蚊虫、无淡水无电、无Wi-Fi 信号、不能随意离岛、环境十分恶劣。

（2）学生沉浸式选择。

①随机采访坐下的同学，说明放弃的原因。

②采访依然站着的同学，说明选择的原因，能坚持几天。

③补充以下故事：这座岛上曾来过 10 多个民兵，他们看过岛上的条件后无一人留下，最长的待过 13 天，最短的当天就走了。但是有一对夫妻却守岛32 年。

（3）播放视频。

播放《守岛人》，视频讲述王继才夫妇守岛 32 年，每日升旗风雨无阻。

学生观看视频，分享最感动的事。

小结：守岛就是守家，守旗就是守国！王继才夫妇守岛 32 年，日复一日，年复一年，守护海岛上这一抹"中国红"，让五星红旗高高飘扬在海岛上空，让我们感到动容。这不仅仅是护旗手，更是护旗英雄！

2. 护旗英雄分享会

教师出示王继才夫妇的护旗英雄名片。学生分组分享课前收集的资料，并根据王继才夫妇的英雄名片，制作护旗英雄名片。

护旗英雄名片	
	王继才夫妇
（粘贴五星红旗）	**主要事迹：**从1986年开始，他和妻子王仕花守卫开山岛，坚决与走私、偷渡等不法分子作斗争，有力捍卫了国家利益。2018年7月，王继才在开山岛上因突发疾病去世，他把人生最美好的年华无私奉献给国防和海防事业。
（粘贴英雄照片）	**最令我感动、动容的是：**为国守岛一辈子。32年驻守，三代人无言付出。两百面旗帜收藏了太多风雨。涛拍孤岛岸，风颂赤子心！

	护旗英雄名片	
（粘贴五星红旗）	姓名：_____	
	主要事迹：_____	
	_____	
（粘贴英雄照片）	最令我感动、动容的是：_____	
	_____	

小组分享交流护旗英雄。

预设：

（1）我们组推荐的护旗英雄是翟志刚。他是一位非常出色的航天员。最令我们动容的是，当他知道飞船可能出现意外状况时，第一时间将国旗展开，飘扬在太空，将国家荣誉放在第一位。

（2）我们组推荐的护旗英雄不是一个人，而是一群人，他们叫"攀登者"。他们将五星红旗飘扬在世界最高峰，最令我们感动的是他们那种永不言弃、征服珠峰的攀登精神。

（相机板贴小组作品）

小结：就是因为有了他们这一群群护旗英雄，五星红旗飘扬在赛场、在太空、在最高峰……我们的祖国因为他们的奋斗，更加繁荣昌盛。让我们向英雄致敬！

3. 书写"护旗心"

过渡：少年智则国智，少年富则国富，少年强则国强，少年进步则国进步。祖国的未来还看今朝，畅想未来，20 年后的你们希望国旗能在哪里飘扬，让国旗因你们更绚烂呢？

（1）书写"护旗心"。

学生书写"护旗心"，并进行交流、展示。

未来20年后，

我希望能将国旗飘扬

护

旗

心

在_____，从现在起，

我要_____。

国旗因我们更绚烂！

（2）护旗手报到。

学生全体起立，面向国旗齐说：

致敬国旗！我是×××，我是护旗手，前来报到！

总结：我们是护旗手，我们生在红旗下，长在春风里，国旗闪耀皆为信仰！共同守护那一抹中国红！

设计意图 通过剖析、整合"守岛英雄"的素材，学生在体验、运用素材的过程中切实体悟到各行各业英雄为国奉献的精神，加深国旗在学生心中的认同感。再通过"书写'护旗心'"，激发学生的爱国情，立志让国旗因我们更绚丽。

小纽扣，扣紧爱国心

——增强时代使命感主题班会

背景分析 》》

    百年来，中华民族历经磨难、砥砺前行，逐步实现救国、富国、强国的奋斗目标。当代少年对祖国的发展与自身生活之间的联系缺少切实的体会和感受，对先辈为祖国发展做出的贡献的认识多数停留在如航天航空、军工、芯片等领域，生活联结性不强。本次班会以"纽扣"为切入点，以小见大，激活学生爱国情感和时代使命感，让学生真切体悟国之富强处处可观，爱国之情从"小"践行。

班会目标 》》

    认知与理解：了解中国人民的伟大成就。

    情感与体验：激发民族自豪感和国家认同感，体会时代使命感。

    意愿与行动：激活科技创新的动力和意愿，落实并践行在生活中。

班会准备 》》

    教师准备军帽。

板书设计 》》

    本次课的板书在课上整体展示。

小纽扣　扣紧爱国心

救

富　强

高速 ▶▶▶▶▶▶ 高质量

班会过程 ≫

◆ 环节一　艰苦奋斗"救国扣" ◆

1. 二选军帽，明不同

（1）一选军帽，对比不同。

提问：军备设计会议上要设计军帽，对比两款军帽，你选哪一款？为什么？（款式 A：绿色军帽；款式 B：浅蓝色军帽，上面有两枚纽扣。）

预设：选款式 B，因为更好看。

（2）二选军帽，联系资料。

出示音频，讲述新民主主义革命时期，红军面临物资匮乏、设备奇缺的现实困境。

提问：听完音频，你又会选择哪一款？为什么？

预设：选款式 A，因为最节省材料，当时红军物资匮乏。

追问：会议讨论结果是选择了款式 B。这是为什么呢？

2. 实物体验，试一试

随机请学生试戴军帽，解开扣子，发现变化。（扣子解开后，分出两条垂下的带子。）

（1）情境体验，想一想。

思考：这两条带子会有什么作用呢？（回顾战场，微视频情境重现。）

场景一：炮火连天，震耳欲聋。

预设：战士需要降低炮声、保护听力的帽子。

场景二：大雪纷飞，寒风呼啸。

预设：战士需要能捂住耳朵、防风御寒的帽子。

场景三：丛林作战，蚊虫叮咬。

预设：战士需要能挡住耳朵、防蚊虫的帽子。

（2）深入品悟，说一说。

提问：缺了这两枚纽扣，战士们又会遭遇些什么呢？

预设：炮火会震聋他们的耳朵，寒风会冻伤他们的耳朵……

提问：此刻，你们还觉得这两枚纽扣是一种浪费吗？

预设：纽扣虽小，作用很大，它们是帮助战士在战争中取得胜利的重要保障和助力，它们是拯救中国的"救国扣"！

设计意图 以"选款式"为任务点，分试戴和提问层层递进，引导学生自主探索问题，从中切实感受红军战士面临的困境和付出，感受中华儿女面对艰苦环境依旧奋不顾身、永不言弃的优秀品质和精神。

◆ **环节二　破除万难"富国扣"** ◆

1. 纽扣工厂，生产困境

（1）生产差距，比一比。

中国：1950 年传统手工业生产每小时 20 枚。
美国：1950 年工业流水线生产每小时 1200 枚。

小结：当时美国纽扣的生产效率是我国的 60 倍。

（2）体悟心愿，说一说。

提问：如果你们是当时纽扣厂的工人，你们最大的心愿会是什么？

预设：我们也要制造机械，让生产更快、更便利。

2. 产业发展，变化巨大

（1）聚焦纽扣之都。

过渡：你们知道中国纽扣之都在哪儿吗？

预设：浙江省温州市永嘉县桥头镇。

①图片对比，感受变化。

教师出示图片，介绍纽扣产业的发展让桥头从一个贫困落后的地方变成了富裕的地方。

②倾听分享，发展有因。

提问：为什么有了这么大变化？听听纽扣创业者们的分享。（播放音频）

提问：听完他们的分享，你找到原因了吗？

预设：凭借"走遍千山万水，吃尽千辛万苦"的精神，桥头镇成为中国纽扣之都。

（2）感知发展成就。

引导：看完改革开放之后中国纽扣行业蓬勃发展的视频，纽扣的哪些变化给你留下了深刻的印象？

预设：每一年都有超过千亿枚纽扣销往世界各地。

小结：小小纽扣满足了我们对美好生活的向往，还在中国走向富国之路上做出了贡献。这是一枚"富国扣"。

> **设计意图**　以纽扣生产为切入口，对比 1950 年中国和美国的纽扣生产差距，感受中华人民共和国成立初期先辈所面临的重重困境。继而以桥头纽扣行业发展为例，通过视频和数据对比等形式，感受我国在短短数十年中发展的高速度，激发学生的民族自豪感和爱国情怀，增强学生的情感共鸣。

◆　环节三　创新发展"强国扣"　◆

1. 高速发展，遭遇困境

（1）对比图片，看变化。

出示两张图片，一张是 20 世纪 80 年代桥头纽扣市场川流不息，一张是

2020 年的纽扣城变为"空城"。

（2）解读资料，谈发现。

学生阅读教师自制的《中国纽扣行业发展报告》，找一找桥头纽扣产业衰落的原因有哪些。

预设：其他发展中国家轻工业崛起，抢占市场；人力成本大幅度上升；产品缺乏科技含量。

（3）聚焦困境，思突破。

追问：面对上述三个原因，你们认为什么是摆脱困境的关键？

预设：可以加强科技创新。

小结：是啊！一直以来，中国走在高速发展的道路上，但高速发展总有一天会受阻，所以我们需要通过科技创新来帮助祖国从高速发展转向高质量发展！

2. 高新科技，发展提质

（1）小组合作，纽扣创想。

提问：可以赋予纽扣怎样的功能，助力解决生活的实际问题？

通过讨论，学生完成"纽扣的科技创想"设计卡，进行汇报。

预设：我们创想的是驱蚊纽扣，用特殊材质做成，会散发驱散蚊虫的气味，而且对人体没有伤害。

小结：同学们的设计特别出色，其中一些创想和发明家们的设计不谋而合。

（2）科技纽扣，感受创新。

出示一些科技纽扣的资料。

提问：这些科技纽扣怎么样？能一劳永逸地解决纽扣产业发展的困境吗？

预设：不能，因为别的国家也可以发明或者模仿。

追问：那我们该怎么办呢？

预设：我们可以不断地发明创新。

小结：唯有持续不断地发明创新，发展才能真正走上高质量的道路。

3. 全面提质，助力强国

（1）拓展创新，助力强国。

请学生课后开展创想，帮助更多事物实现创新迭代、赋能提升。

（2）视频感受，科技强国。

播放"十三五"以来中国科技成就的视频。

小结：自主创新，大国崛起，"强国扣"见证着祖国发展从高速转向高质量，真正践行中华民族的伟大复兴！

设计意图　以纽扣行业的发展困境为思考点，学生在剖析、整合、运用《白皮书》等素材的过程中坚定方向，关注当下中国工业发展的实际困境，切实意识到科技创新是推动中国发展的重要力量，激发时代使命感。

◆ 环节四　强国有我"爱国扣" ◆

1. 总结板书，爱国有我

教师指向板书上的"救""富""强"，进行小结。

小结：一枚枚小小的纽扣见证了祖国的发展。战士们艰苦奋斗，不怕牺牲，全国人民省吃俭用，竭尽所能，成就了这枚"救国扣"；无数中华儿女前赴后继，吃苦耐劳，成就了这枚"富国扣"；现今，时代要求我们秉持初心，不断创新，努力成就这枚"强国扣"；一代代人肩负时代的重任，共同塑造了"爱国扣"。让我们延承先辈，扣紧我们的爱国心。

2. 视频感知，未来有我

播放视频：

未来的中国会是什么模样？更便捷的出行、更智能的生活……而最终描绘一切的正是此刻的每一个你我！

总结：未来有你，有我，有国。作为祖国未来的接班人，你们能够扣好自己人生的第一枚纽扣，也能为祖国的发展扣上自己的贡献和热爱！

设计意图　回顾课堂，帮助学生整理课堂情感脉络，抒发爱国情感和体验。最后通过视频感知，学生体悟未来属于我们，激活时代责任感！

种子复兴计划

——粮食安全主题班会

背景分析 >>

党的二十大报告强调"全方位夯实粮食安全根基"，粮食安全关乎国计民生，不仅是国家安全的压舱石，更是每个人念兹在兹的责任。习近平总书记多次强调："中国人的饭碗任何时候都要牢牢端在自己手中，我们的饭碗应该主要装中国粮。"如今，生活在和平年代的新时代少年衣食无忧，缺少居安思危的意识。本次班会聚焦种子，从我国的粮食安全到科技突破，以活动体验的方式带领学生探秘种子，点燃爱国"火种"，践行爱国之心。

班会目标 >>

认知与理解：探寻种子奥秘，知晓"良种"对人类社会生活发展的重要性。

情感与体验：体会国家坚持自主育种的意义，坚定国家利益高于一切的爱国信念。

意愿与行动：树立"中国人的饭碗任何时候都要牢牢端在自己手中"的使命和自信，践行爱国之心。

班会准备 >>

教师准备三种猕猴桃。

板书设计 >>

本次课的板书在课上逐步展示。

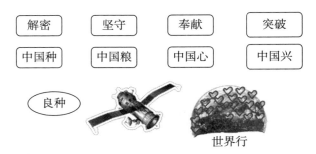

种子复兴计划

| 解密 | 坚守 | 奉献 | 突破 |

| 中国种 | 中国粮 | 中国心 | 中国兴 |

良种

世界行

班会过程 >>

◆ 环节一　解密中国种 ◆

1. 创太空情境，寻种子秘密

出示中国空间站志愿者招募令图片。

提问：你们想当中国空间站的志愿者吗？如果可以选择带一样东西上太空，想带什么？

预设：想当志愿者。想带手机、零食、家人的照片。

出示实物种子盲盒。

提问：前几次神舟号飞船发射都带了一样重要东西，就在盒子里，谁来感受一下？

预设：（1）是谷物。（2）是植物的种子。

过渡：小小种子有什么特别之处？今天让我们一起来探秘种子！

2. 尝猕猴桃，品口感对比

请学生品尝绿心的和黄心的猕猴桃，说说口感区别。

预设：黄心的更甜，绿的有点酸。

引出：品种不同，口感不同。

3. 寻历史年轮，探产量差距

过渡：种子的秘密不只如此，现在走进《种子秘密档案》（出示幻灯片），看看中国历史上有三个重要节点藏着种子的什么秘密。（板贴"解密"）

学生打开小组宝箱，获取一袋种子，标签显示不同历史时期：春秋、唐代、现代。

提问：同样一袋种子，在不同的历史时期，哪一袋产量最高？

出示图片，对比发现。

预设：现代的种子产量高，同样一袋种子，能养活的人更多了。

4. 感时代需求，知良种紧要

提问：为什么同样一袋种子，产量显著不同？

预设：随着科技发展，产量提高了。

小结：所以我们现在需要研发更优质、更好吃，而且能养活更多人的好种子。（板贴"中国种""良种"）

设计意图 通过触摸种子、品尝水果等多维体验式策略，增强学生现场的参与感。创设中国空间站的情境，激发学生对种子奥秘的好奇，继而探寻并知晓良种对人类生活发展的重要性。

◆ 环节二　坚守中国粮 ◆

1. 抉择体验：进口良种与研发育种

出示两个选择：一是进口良种，高产质优，省时省力；二是自主研发育种。请学生抉择我们应走哪条路。

预设：选择自主研发。

2. 直面挑战：站立与坐下

学生尝试开启挑战。选择自主研发的学生起立，若面临的困难让自己感到不适，可以随时坐下，并拿走一个进口猕猴桃。

教师用一张张图片出示经历的困难，随机采访孩子坐下的理由；对放弃的孩子表示理解，对坚持的孩子表示敬佩。

出示的图片如下：

图片1：在试验田里弯腰插秧，全身沾满污泥，一待就是一整天，一待就是一整年。

图片2：40摄氏度的高温，太阳炙烤着皮肤，晒黑、晒红、晒伤……

图片3：一场超级台风过后，即将收获的试验田全被淹没，几年努力功亏一篑。

图片4：农田条件差，田里有毒蛇、老鼠、蚂蟥、水蛭……

采访坚持到最后的学生并询问理由。

提问：（提出关键问题）为什么育种如此艰难，国家仍要坚持自主研发？

3. 合作研讨，分组展示

每个小组打开资料袋。要求学生根据所提供的材料，以电视节目播报的形式完成相应任务。

小组材料一

主题：主播大求真。

材料：中国盘锦大米、五常大米等产品简介。

任务：小组分工准备，以直播的形式推销国产好大米，以此感受中国粮的物美价廉。

小组材料二

主题：三农访谈间。

材料：袁隆平院士在杂交水稻领域的成就介绍。

任务：小组以访谈节目的形式介绍袁隆平爷爷的事迹，感受中国良种对人民生活的巨大贡献。

小组材料三

主题：国际时讯。

材料：世界性粮食危机等的图文资料。

任务：以国际新闻播报的形式报道粮食危机，感受国家坚守粮食安全的重要性。

小组代表上台呈现播报内容，教师随机采访"观众"说感受和理解。老师将小组讨论的关键词写在种子卡片上进行板贴。

预设的关键词有育粮富民、粮食安全、国家安全等。

4. 中国良种，中国"粮芯"

师：正如你们在播报时的分享，为了育粮富民，为了物美价廉的粮食，更为了不让别人卡住中国人的脖子，我们必须坚持自主研发。（板贴"中国粮"）

师：正是因为有这样的信念，才会有越来越多的我国自主研发的良种。瞧！这些都是中国的！（出示自主研发农作物的图片）此处，是否应该有掌声呢？

设计意图　在是否应该自主研发的选择中，孩子们身临其境地感受到艰辛，以此聚焦为什么"仍要坚持自主研发"，通过问题引领式的策略激发孩子的探究兴趣。分组研读素材和情景演绎增强学生的价值判断力，让学生充分感受到育种为民的大国担当，初步建立居安思危的意识。

◆ 环节三　奉献中国心 ◆

1. 不畏艰辛，坚守奉献

过渡：当这样的国家利益摆在面前，他们（育种科学家）又怎会惧怕这些困难？他们心里只有一个信念，那就是坚守（板贴"坚守"）。甚至有人因为育种科研，连亲人的最后一面都没有见到。（出示玉米育种学家程相文先生的采访视频）

提问：你有什么感受？

预设：感动，科研人员牺牲小家成就大家，值得我们敬佩。

2. 图文展示，配乐静思

过渡：择一事终一生，还有无数个躬耕在田垄间的他们……

音乐声中，缓缓出示图片，学生认识更多伟大的育种科学家。

小结：种子等待一季，他们奉献一生。这就是奉献——中国心。（板贴"奉献""中国心"）

> "玉米大王"李登海
> "甜瓜之母"吴明珠
> 抗虫棉发明家郭三堆
> "杂交小麦之父"李振声
> "大豆杂交种之父"孙寰
> 水稻遗传育种学家谢华安
> 油菜遗传育种学家傅廷栋

设计意图 本环节的设计与环节二孩子们的抉择体验相呼应，在理解自主育种的必要性后回望，这一切艰辛正是甘于奉献的育种科学家为我们负重前行，在认知碰撞中达成价值内省，此刻"国家利益高于一切"的爱国信念正悄然生根。

◆ **环节四　突破中国兴** ◆

1. 联系当下，认识不足

拿出好吃的进口猕猴桃，撕开价格——20元一个，请学生谈感受。
预设：惊讶、愤慨、不想买。
学生畅谈生活中他们感到贵的食物。
小结：目前我国种业仍有短板和差距，人民的生活品质还有很大的提升空间，我们仍要坚持努力。

2. 知难而进，踔厉奋发

视频播放我国在种业发展上的努力和突破。

拓育种基地，建种质资源库，短短几十年，我国种质资源总数飙升至52万份，植物新品种权申请量已连续五年第一。4000余种植物种子、菌种、试管苗等搭着卫星上太空，在浩瀚宇宙写下中国种子的名字……

3. 小小种子，创造惊喜

再次拿出一盒特殊的猕猴桃。让学生尝味道，询问他们跟进口的比味道怎么样。

预设：差不多，挺甜的。

师：因为航天育种，上过太空站的种子回国后量产成更优质的水果。

出示价格，约3元一个。

学生感受喜悦，感受自豪。

小结：是的，只有不断追求突破，国家才能更加兴盛（板贴"突破""中国兴"）。因为坚守，因为奉献，因为突破，我们才能吃得饱，吃得好，吃得幸福。——听习爷爷的嘱托：中国人的饭碗任何时候都要牢牢端在自己手中。

4. 中国良种，造福世界

师：经过中国人世世代代的努力，我们的粮食不仅造福中国人，还走向世界，造福全人类。

视频展示中国粮援助其他国家人民的内容。

学生畅谈感受。

预设：感到作为一个中国人的骄傲。

小结：请你们在志愿者标签上，郑重地写上自己的名字。一颗中国种，捧出中国心，让我们把幸福的种子播向全世界。

音乐声中，学生缓缓起身，将志愿者姓名贴张贴于"世界行"球形板书上。

设计意图 通过价格对比，孩子们感受国家的科技突破与兴盛，树立使命意识和自信。以中国种世界行、姓名志愿贴等活动，指明未来方向，践行爱国之心。

从中国制造到中国创造

——增强创新使命感主题班会

背景分析 >>

改革开放以来，中国制造走向了世界各地。近年来，中国制造加快向中国创造转型，产业链加快向中高端提升。学生普遍知道中国制造，但对中国创造认识不足，没有充分理解创新对于中国制造转变为中国创造的重要性。本次班会旨在树立创新意识、塑造创新人格，落实学生创新素养的发展，培养他们自强不息的家国情怀。

班会目标 >>

认知与理解：认识中国制造的巨大成就。

情感与体验：体验实现中国创造的重要性。

意愿与行动：畅想未来，增强创新强国使命感。

班会准备 >>

教师准备蛋糕。

板书设计 >>

本次课的板书在课上逐步展示。

从 **中国制造** 到 **中国创造**

心怀祖国
从小立志
坚持不懈
甘于奉献
未来中国 因我骄傲

班会过程 ≫

◆ 环节一 "兴"交流，激发民族自豪感 ◆

1. 中国离不开中国制造

出示小米打印机。现场打印提前拍摄的师生集体合照，引出中国制造。
学生交流生活中印象深刻的中国制造。
出示中国的多项世界第一。
提问：这一项项第一的背后都离不开谁的作用？
预设：中国制造。

2. 世界离不开中国制造

（1）没有中国制造的一天。
出示视频，内容是外国友人尝试没有中国制造的一天，结果非常糟糕。
提问：通过外国友人的调查，你们有什么发现？
预设：他们的生活早已离不开我们的各种中国制造了。
（2）卡塔尔世界杯上的中国制造。
引导：就连激战正酣的卡塔尔世界杯上也处处充满了中国制造。他们甚至把我国为他们建造的主体育馆，印在国家的钞票上。
提问：作为一个中国人，你有什么感受？

预设：真为我们国家而骄傲！

3. 中国制造的巨大优势

提问：人们为什么喜欢中国制造呢？

预设：物美价廉……

出示中国制造高产的视频。

提问：视频中哪个数据震撼到你？

预设：（1）一分钟能制造60多辆汽车。（2）一分钟可以生产2000多部手机。

总结：让我们一起为中国制造点个赞！（板贴"中国制造"）

设计意图 现场打印的真实体验以及外国友人对中国制造的反馈，加深学生对中国和世界都离不开中国制造的认知，从而感受中国制造的巨大成就，激发民族自豪感。

◆ 环节二 "新"视角，触动强烈爱国情 ◆

1. 中国制造大而不强

（1）出示8000元购置的苹果手机。

提问：你们来猜一猜这是哪里生产的。

预设：中国。

追问：这台在中国制造的苹果手机有多少利润属于中国呢？

预设：①全部。②大部分。

（2）现场切蛋糕。

教师拿出蛋糕，把这台手机的全部利润比作一块蛋糕。

现场演示第一次切掉一大块蛋糕。

师：拥有核心技术和自主品牌的美国苹果公司拿走了58.8%的利润。

现场演示第二次切掉一部分蛋糕。

师：剩下的利润就全部是中国的吗？生产手机原材料的国家要拿走21.9%的利润。

现场演示第三次切掉一部分蛋糕。

师：剩下的利润应该是中国的了吧？然而，苹果手机的处理器技术是韩国的，拿走 4.7% 的利润。

（3）数据呈现。

出示富士康车间工作图，一台手机要经过整整 429 道工序才能出厂。

提问：你们还想老师再切下去吗？为什么？

预设：想看看我们这么辛苦组装生产，为什么属于我们的利润这么少。

（4）现场继续切蛋糕。

现场演示第四次、第五次、第六次……切蛋糕。

师：德国提供 Wi-Fi 技术（切一刀），日本提供屏幕技术（切一刀），还有提供其他技术支持的一些国家，他们一共还要拿走 12.3% 利润（再切一刀）。

出示利润分配表：

苹果手机利润分配（8000 元）	
美国 58.8%	4704 元
原材料生产国 21.9%	1752 元
其他国家 17%	1360 元
中国 2.3%	184 元

端起最大块的蛋糕和属于中国的蛋糕，进行对比。

提问：此时此刻，你们有什么想说的？

预设：我们要有属于自己的核心技术。

2. 中国创造紧迫重要

过渡：不仅如此，曾经没有核心技术的我们，还有过令国家蒙羞的屈辱经历。

（1）出示"银河号"事件。

1993 年 7 月美国无故怀疑"银河号"货轮有违禁化学品，强行关闭船的 GPS 导航，导致无法航行。由于船上缺少淡水和食物，为了保障船员生命安全，中方被迫让美方人员上船检查。

提问：有什么地方触动了你们？

预设：①屈辱地被迫让美方人员上船检查。②没有核心技术受制于人。

（2）播放北斗导航语音。

北斗导航语音：北斗高精为您提供精准定位，准备出发。

提问：此时，天上就有我们自己的北斗卫星为我们践行护航使命。听到这，你们有什么想说的吗？

预设：有了自主创造的导航系统，我们再也不用依靠别人了。

追问：（出示北斗系统建设时间轴）多少位科学家日夜辛苦钻研，终于有了自己的导航系统。我们为什么要坚持做这样一件事情？

小结：原来，只有实现自主创新的中国创造，我们才能更好地立于强国之林。（板贴"中国创造"）

设计意图 现场切蛋糕的真实体验以及利润分配前后的思维体验，激发学生进行深度的自我认知，明白自主创新的重要性。同时，使用"银河号"事件素材加深学生的创新使命意识。

◆ 环节三 "星"分享，中国创造我骄傲 ◆

1. 中国创造分享会

小组交流收集的"金名片"。

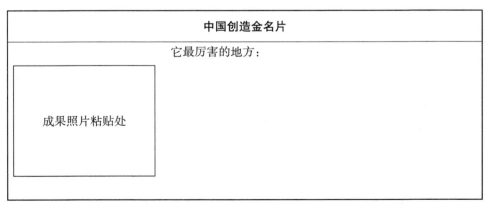

学生交流中国天眼等中国自主创新的成果。

小结：这一张张"金名片"，让全世界见证了我们从中国制造到中国创造的蜕变，祖国因它们而自豪。（板贴"从""到"）

2. 中国创造背后的科学家

过渡：中国创造背后又有多少令人感动的瞬间呢？

出示"天眼"之父南仁东历经艰辛铸就天眼的视频。

提问：视频中有什么地方令你们动容？

预设：他身患重病，坚持工作22年。

追问：为什么南仁东爷爷要坚持带病工作？

预设：为了让祖国更加强大。

出示林俊德院士生命最后时刻的视频。

小结：原来，每一项中国创造背后是科学家们对祖国深沉的爱，他们燃烧自己，奉献生命，谱写祖国赞歌。（板贴"心怀祖国""甘于奉献"）

设计意图 创设中国创造"金名片"交流会情境，使用、剖析学生搜集的素材，加深学生对中国创造的自豪感。科学家的故事引导学生关注中国创造背后的人与精神，激发学生的创新意识。

◆ 环节四 "行"实践，为国创新我行动 ◆

1. 反思自身

提问：我们可以做些什么让祖国因我们而骄傲呢？

预设：（1）好好学习。（2）发明更多的"中国创造"。

2. 畅想未来

引导：30年后你已经长大，你正在从事什么工作？你创造或者发明了什么，让祖国因你而骄傲呢？现在，请拿出畅想未来卡写下你对未来的想法！

出示畅想未来卡：

　　小结：让我们从小立志，建设美好中国！（板贴"从小立志"）

　　提问：在发明的过程中，你可能会遇到无数次失败，甚至一次又一次的绝望，还要牺牲很多陪伴家人的时光，甚至引起家人的误解，你还愿意坚持下去吗？为什么？

　　预设：只有坚持不懈才能成功啊。（板贴"坚持不懈"）

　　总结：当前，我们迎来中华民族伟大复兴的关键时期，更需要每一位中国少年心怀祖国，从小立志，坚持不懈，甘于奉献。中国未来，由我创造，未来中国，因我骄傲！（板贴"未来中国　因我骄傲"）

　　设计意图　从发现令人惊艳的中国制造，到中国制造我骄傲，转到中国创造紧迫重要，最后落在本环节的祖国因中国创造而骄傲、祖国因我们而骄傲。起承转合，牢牢抓住学生的情感线，充分激发学生创新强国的使命感。

爱国之音　声生不息

——爱国主义教育主题班会

背景分析 »

在全球化背景下，青少年作为国家未来与民族精神的传承者，正经历多元文化的交融与思想碰撞。面对复杂的国际环境，深化爱国主义教育，树立正确的国家、民族、历史观成为迫切需求。加强爱国主义教育，让高中生深刻理解国家发展的艰辛历程与辉煌成就，感悟其中蕴含的爱国情怀与奋斗精神，成为班级教育不可或缺的一环。本次班会以"爱国之音"为切入点，激发学生爱国情感，引导价值观形成，并鼓励为国发出时代强音。

班会目标 »

认知与理解：发现声音的力量，走近历史，感知爱国主义情怀。

情感与体验：寻找、辨别不同的声音，激发爱国热情与强国使命。

意愿与行动：树立爱国精神，用实际行动讲好中国故事，发出时代最强音。

班会准备 »

教师设计活动单，准备磁吸板书教具。

板书设计 »

本次课的板书在课上整体展示。

爱国之音　声生不息

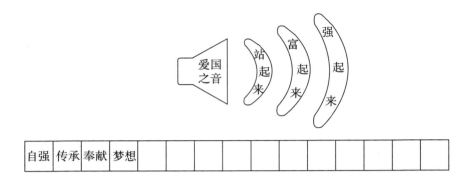

自强	传承	奉献	梦想											

班会过程 》》

◆　环节一　寻声音，明救国情怀　◆

引导：为庆祝中华人民共和国成立75周年，我们学校举行了"时代之音·共绘中国华章"声音艺术展，让我们一起聆听近代以来各个声音背后的中国故事！

1. 音画配对，知国家底蕴

出示三段新中国成立前不同事件的原声（五四运动、中国共产党第一次全国代表大会、抗日战争），同时展示三张对应历史事件的图片。

请学生聆听声音，与图片进行连线配对，并描绘当时发声的场景。

2. 声音演绎，感爱国深情

请学生观看五四运动无声视频后进行台词编写并配音。

请现场的学生观看配音演绎，谈感受。

预设：

（1）感受到了当时学生的气愤与不甘。

（2）如果我在现场，我会冲上去，一起游行示威，一起呐喊。

小结：这些声音，不仅记录了历史的厚重，更传递了那个时代的情感与精神，展示了觉醒与不畏抗争的爱国情怀。

设计意图 通过音画匹配小游戏、配音活动，学生在角色扮演中更加深入理解当时青年学生的情感与精神，感知爱国主义情怀。

◆ 环节二　析声音，扬富国精神 ◆

1. 声音布展，讲富国故事

请学生以小组为单位策划"富国最强音"展区，选择表现改革开放的五个声音，描绘声音演绎方式，并谈谈选择的理由。

提问：如果用一个词介绍你们设计的最强音特点，你们会用什么词？

学生介绍活力、崛起等。

2. 声影探秘，颂爱国英雄

播放声音。第一段声音内容为郭永怀结束西北的热核导弹试验准备，乘飞机返京汇报，然而飞机突发意外坠毁。第二段声音内容为我国热核导弹发射。

请学生猜两段声音以及背后的故事，教师小结引导。

小结：在"富国最强音"这个板块，我们除了看到国家富裕、人民富足，还有一批像郭永怀一样的奉献者，他们的精神非常富有，拥有一种超越个人生死、超越物质利益的爱国精神。

设计意图 通过声音布展活动，在高昂、激情的声音中让学生感受改革开放的伟大成就。随后以悲壮的声音突出科学家们超越个人生死的高尚情操，引导学生进一步总结提炼，激发强烈的爱国精神。

◆ 环节三　辨声音，立强国使命 ◆

1. 视频赏析，树中国自信

播放视频，展示十年辉煌，我们国家在不同领域取得的成就。

提问：你们听到了哪些强国之音？

预设：科技之音、经济之音、体育之音。

小结：确实，强国之音是由各个领域的最强音共同汇聚而成的宏大乐章。这些最强音不仅代表各自领域的卓越成就，更是国家综合实力和国际影响力的生动体现！

2. 观看采访，辨网络观点

引导：我们国家发展如此迅速，同时，也遭遇了一些质疑。

播放游泳运动员潘展乐受访时说的几段话：

● 我在下面跟查尔莫斯打招呼，他一点都不理我，包括美国队的阿列克西。我们训练的时候，教练在岸上，他那种滚翻直接往教练身上溅水花。就是感觉有点看不起我们的样子。

● 一雪前耻！看不起我们的，今天把他们都拿下了。在这么难游的池子里打破世界纪录。憋着一口气，全国人民的希望，在我下水前一刻，我感受到了！

● 冠军是我们的，不满意的应该是别人，不会是我们。

请学生谈谈如何看待"00后"运动员的发声。

预设：年轻人就应该敢说，并且做到，而且事情是真实发生的，我支持他。

小结：确实，面对国际社会的质疑，"00后"运动员敢说敢做，用行动证明了一切。我国在发展的不同时期都遭遇了一些质疑，但是最后我们都用行动成功回击了这些质疑声。

3. 时空对话，立强国责任

出示张伯苓 AI 数字形象。
请学生与张伯苓 AI 数字形象现场对话，回应"奥运三问"。

奥运三问

中国何时能够派一名运动员参加奥运会？中国何时能够得到奥运会金牌？

中国何时能够自己举办一届奥运会？

设计意图 通过辨析运动员的发声，让学生感受到强国之路依然会有挑战与质疑，一方面启发学生独立思考，正确认识网络观点，另一方面激发学生用行动去爱国的责任感。凭借 AI 技术与张伯苓实现时空对话，更加坚定学生传承先辈之志，树立强国使命。

◆ 环节四　创声音，践爱国行动 ◆

1. 青年论坛，展爱国风采

课件出示我国科技发展面临的挑战。

请小组开展讨论，并选择一个代表参加班级"青年论坛"，发表演讲。

提问：面对制裁和技术封锁，中国靠什么突围？

预设：通过自主研发和创新，减少对外部技术的依赖，实现技术自主、可控。

提问：我们青年能做些什么？

预设：

（1）我们要积极参与科研活动，培养创新思维，助力新质生产力发展。

（2）以后的选科可以选择物化，在理工科上下功夫。

小结：没错，我们当下要发展新质生产力，要不断提升自主创新能力，努力突破关键技术瓶颈。我们青年可以通过自身努力为国家的科技创新和产业发展注入新的活力和动力。

2. 青春颂歌，奏爱国乐章

再现五四青年演讲现场，由一个学生呼召，全班学生一同响应、宣誓《请祖国放心，强国有我》。

请祖国放心，强国有我

今天，我们对祖国许下青春的誓言：

为实现第二个百年奋斗目标，

为实现中华民族伟大复兴的中国梦

准备着，为共产主义事业而奋斗！

不忘初心，青春朝气永在；

志在千秋，百年仍是少年。

奋斗正青春！青春献给祖国！

请祖国放心，强国有我！

请祖国放心，强国有我！

请祖国放心，强国，有我！

小结：百年来，中国从曾经发不出声音，到如今在国际舞台上贡献中国智慧、中国方案，这背后是由无数的声音汇聚而成，而这些声音有着一样的情感，那就是我们的爱国情。让我们一起坚守爱国之心，奏响时代最强音！

设计意图 开展"青年论坛"和青春颂歌的活动，旨在升华本节课的内核，引导学生明白我们所立下的誓言应该是为了国家发展，从而完成"个人—国家"的升华，提振学生的士气和动力。借传播声音之机，用实际行动践行爱国精神，彰显民族自豪感与荣誉感。

第六章

文化自信教育

《中共中央关于党的百年奋斗重大成就和历史经验的决议》强调，"文化自信是更基础、更广泛、更深厚的自信，是一个国家、一个民族发展中最基本、最深沉、最持久的力量"。如今文化自信的交接棒已经传递到新生代的青少年身上，我们该如何帮助他们培育文化自信？

很多学生对中华优秀传统文化的分类不清、认同感不强、价值观不明。有的停留在背诵和识记阶段，理解不深刻；有的无法辩证看待世界文化与中华优秀传统文化之间的关系。开展文化自信教育主题班会课，帮助学生从"中华优秀传统文化我了解"到"世界优秀文化养分我汲取"再到"中西文化交流创新我参与"逐步进阶，达成文化自信，实现文化自豪。

文化自信教育为情感类主题班会课，需引导学生发自内心地热爱中华优秀传统文化，避免知识传授的模式化、价值导向的僵硬化、教学方式的说教化，我们运用多维体验式策略激发师生间的协同探究精神。如《"出圈"吧，传统运动》中，教师开设课堂上的传统运动嘉年华。当教师的预设与学生的自主探究结合，文化自信就不言而喻了。《消失的"本草纲目"》通过互动式对比体验，探究日本约 20 元的龙角散和中国约 6 元的痰咳净散功效相同但价格为何大不相同。在师生协同探究的过程中，遥远的传统文化与现代学生的情感产生强烈共鸣，文化自信就此达成。

寻色中国

——传承发扬中国传统色主题班会

背景分析 >>

中华民族在数千年文明演进中孕育了光辉绚丽、博大精深的中国传统色彩，蕴含着中国人的审美文化。传承并发扬中国传统色，对涵养民族精神和增强文化自信具有重要的现实意义。很多学生对于颜色的了解局限于西方色彩体系，对于中国传统色的了解知之甚少。因此，让学生了解中国传统色的历史渊源、发展脉络、精神内涵，开展"传承发扬中国传统色"主题班会很有必要。"打捞"中国传统色，解读中国审美文化，打开国色新局面。

班会目标 >>

认知与理解：了解传统色，认识中华文化瑰宝。

情感与体验：体验中国色是浪漫色、历史色、象征色和未来色，燃起民族自信心和自豪感。

意愿与行动：践行保护传统色之法，创新中国色彩。

班会准备 >>

教师设计色卡。

板书设计 >>

本次课的板书从环节二开始展示。

班会过程 >>

◆ 环节一　失色：六宫粉黛无颜色 ◆

引导：最近，一个失色的兵马俑在考古界发布了一封寻色书。咱们帮帮它吧！

寻色书

　　同学们，受到外力不可抗因素，我和我的将士们失去了身上所有颜色，这并非我们的原貌！请求大家帮我们上色，恢复我们的文物价值！

师生多次在幻灯片上点击现代色块为兵马俑上色，均被弹回，上色失败。

师：忘了告诉大家，原来寻色书还有第二页，写着"只有我生活的那个时代的中国传统色才能上色"。

师生决定恢复兵马俑的原貌，找到它们最真实的颜色，一起寻色！

设计意图　创设兵马俑失色的情境，激发学生兴趣，增强学生的情感共鸣，进而引出中国传统色的概念。

◆ 环节二　观色：满城春色宫墙柳 ◆

1. 知国色，巧对比

出示不同颜色色块，请学生说说是什么颜色。

预设：红色、蓝色、粉色、淡蓝色……

师：在中国传统色彩体系中与你们说的对应的有胭脂、霁色、海天霞、月白……大家更喜欢哪种命名？请说明原因。

学生畅所欲言后教师小结。

小结：像这样，相同或相似的颜色，加入一些浪漫的意象，就变成了中国传统色。中国传统色的命名大有讲究，中国古代人民经过长期的细致观察、大胆想象，运用丰富的学识为色彩取名字，充满了浪漫与诗意。

2. 赏国色，试命名

播放视频《大美国色》，出现丹枫、金红、欧碧、品月等美丽传统色。

过渡：太惊艳了！请用你们的浪漫因子给手中的色卡取名字吧。

用中国色喊一喊 TA

游戏规则：小组合作，选择喜欢的颜色，学着古人的方式联想自然风景、天地万物或古代诗歌给选中的颜色取一个浪漫的名字，说说取这个名字的原因。

温馨提示：可以求助组内刮刮卡（刮开涂层，内附色名藏头诗），查看提示。

小组分享，比一比哪组取名最浪漫。

小结：初次寻色中国，发现中国传统色是浪漫色。

解锁兵马俑部分颜色碎片，继续寻色。

设计意图 通过巧对比、试命名，学生了解中国传统色的浪漫命名。学生自主探究，从赏命名到"我"要命名，师生共同协作，重拾国色。

◆ 环节三 寻色：山川天地真国色 ◆

1. 一寻：历史着色，智慧着色

（1）拍卖会，竞"美色"。

教师化身为拍卖官，学生化身为前来竞拍的色彩大管家。

盲拍一种传统色

拍卖规则：每位色彩大管家手上有黄金 1000 两，各位用最少的黄金拍到最好的颜色。请大家根据拍卖官对颜色的描述叫价，100 两起拍，每次叫价最多加 100 两。

依次出示拍卖色的线索：

1. 它被称为史上最麻烦的颜色。

2. 诞生它需要等一场不大不小的雨。

3. 烧制温度很难控制，唯有 1220℃才有可能出现它。

4. 冷却也很麻烦。1100℃前要慢冷，1100℃后要快冷。

5. 这个颜色曾在历史上被拍卖到 2.94 亿的天价。

6. 它曾被写进歌中。

过程中每出示一个线索，教师随机采访竞拍者：你为什么出这个价格竞拍？一开始学生对此色兴趣不大，出价少，怕亏钱；随着（5）（6）线索的出现，拍卖达到高潮，纷纷出高价争取此色，最后由价高者竞得此色。

揭秘拍品

中国传统色——天青色。据传，它于汝窑问世，被称为北宋的绝色！只要一讲到天青色，人们会想到中国汝窑。

（2）谈国色，藏历史。

提问：你还知道哪些历史中有名的传统色？

预设：青色，以中国古代的青瓷为代表……

过渡：是的，中国历史源远流长，许多绝色惊艳了岁月。

颜色	盛行朝代	代表意象
赭黄	唐代	龙袍
青绿	宋代	《千里江山图》
朱红	明清	故宫

小结：寻色中国，发现中国传统色还是历史色。

解锁兵马俑部分颜色碎片，继续寻色。

2. 二寻：中国象征，国力象征

过渡：咱们让时间轴继续向前滚动，来到现代，你们觉得现在最能代表我们国家的颜色是什么？

预设：中国红。

提问：你们在哪些地方看到红，觉得它特别能代表我们国家？

学生交流讨论，教师相机归类，发现小到生活，大到国之重器都有我们的中国红。红色也是我们国力的象征！

小结：寻色中国，发现中国传统色更是象征色。

继续解锁兵马俑颜色碎片，呈现大部分色彩。

设计意图 "拍卖会"体验活动激发学生感知传统色来之不易。探寻历史中有名的传统色体验活动引导学生发现传统色的历史内涵。讨论"中国红"感受国家强大中国红才愈发鲜艳。从兴趣入手到自主探究，丰富多彩的体验活动带领师生共同探寻中国色彩，认识国色内涵。

◆ 环节四 承色：流芳中外创绝色 ◆

1. 寻记载，话忧虑

过渡：这么美的中国传统色，积淀着传统文化，一定有史书记载吧？可是我国历史上没有专门记录中国传统色彩体系的史籍。1957年中国近代首部传统色名专书问世。

提问：对于中国传统色的传承，我们可以做些什么？

预设：将中国传统色编成朗朗上口的儿歌，提高传播度；把中国传统色编写入教材。

2. 燃希望，共宣扬

过渡：其实我们国家不同领域的人们一直在努力，你瞧——

播放视频：

国产手机在传承，在努力，推出白沙银、南糯紫、雅川青、雅丹黑机身配色；国产汽车推出晴山紫、皓月白色系汽车；北京东直门地铁站也出现了传统色彩滚动墙……

小结：文化的传承最重要的因素是人。只靠过去的辉煌是不够的，只靠原封不动的继承也不够，"人"更应该创造性地使用它、宣传它！

3. 传中外，创色"潮"

开展小组活动，请学生翻看色卡背面，以传承者的身份用手中的中国色为未来添色。填写以下创色未来卡。

创色未来	
2028年，我作为优秀毕业生为母校校园大改造献计，我会用 （填入手卡中国色）（写用途），让大家看见我校的美！	2036年，我会用 （填入手卡中国色）（写用途），让世界看到中国美！

学生分享交流，将手中传统色汇入失色兵马俑，为其上色（板贴至黑板）。
小结：寻色中国，希望未来中国传统色能成为——未来色。
中国色引领潮流，走向未来。解锁兵马俑碎片，展现全貌。
师：我们在中国传统色中找到浪漫、智慧、未来，像这样宝贵的中国传统文化，其实还有很多。你们还知道什么？
预设：太极、书法、京剧、脸谱、活字印刷……
总结：请为中华优秀传统文化发声，代代传承！

设计意图 引导学生深入思考传统文化的未来与"我"息息相关。中国传统色在不同领域的创新性应用为学生提供畅想未来的借鉴。学生在剖析、整合、运用素材的过程中坚定方向，形成价值判断，自主进行保护、传承、发扬与创新传统色的切实行动。

消失的"本草纲目"

——弘扬中医药文化主题班会

背景分析 》》

中医药学蕴含着丰富的人文科学和哲学思想，是中华优秀传统文化的代表。大多数学生对中医药知识不够了解，对其背后的精神内核和现今处境的认知不够明确，缺少保护、传承和创新中医药文化的意向。本次班会旨在引导学生了解中医药文化，知道中医药文化就在我们身边，是宝贵的物质财富和精神财富，增强学生的文化自信。同时，激发学生的责任感，学生面对中医药发展困境，愿意为其传承和弘扬尽一份力量。

班会目标 》》

认知与理解：了解中医药文化的历史地位和深厚价值，提升文化自信。

情感与体验：知道中医药文化目前的困境，激发传承保护传统文化的情感，探寻解决的办法。

意愿与行动：确定传承方式并践行，为传承中医药文化尽一份力量。

班会准备 》》

教师准备龙角散、痰咳净散两种药品以及白板。

板书设计 》》

本次课的板书对应环节二、三的内容。

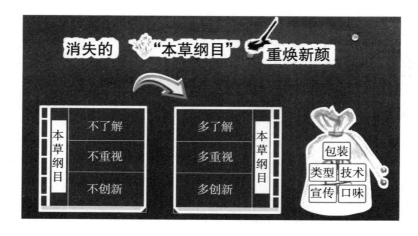

班会过程 >>

◆ 环节一 寻迹论药觅本草 ◆

1. 铺垫情境，失本草

歌曲引出《本草纲目》，播放微课简介。设置情境为师生共寻消失的"本草纲目"。

师：《本草纲目》不仅是一首脍炙人口的流行歌曲，更是一本蕴含着丰富中医药文化的书籍。我们还能用"本草纲目"代表中医药文化，而现在它代表的中医药文化正在被遗忘，在慢慢消失中，我们需要找回这一文化瑰宝。

2. 火眼金睛，寻中药

出示厨房图片，请学生快速圈出中药并数一数数量。

提问：其中让你们意想不到的是？

预设：白菜、萝卜、八角……

小结：其实很多蔬菜水果也是中药，这就是中医中的药食同源。看来中医药就藏在我们身边。

3. 最强大脑，我来判

出示中药名及对应的功效，请学生判断正误，对的画圈，错的画叉。

- 山楂——健胃消食（　　）

- 鱼腥草——清热解毒（　　）

- 生姜——驱寒发汗（　　）

教师随机采访学生是如何判断的以及判断的依据。

小结：看来同学们对中医药的了解有限。

设计意图 创设"本草纲目"消失的情境，激发学习兴趣，通过寻中药和判断药效的游戏，学生发现中医药就在我们身边，但我们却经常忽视。

◆ 环节二　探案寻解明价值 ◆

1. 辩热搜言论，引深思

引导：现在让我们带上最强大脑和火眼金睛正式开始寻找吧。

（1）现热搜，谈心情。

微博热搜：吃了一个月治胃病的中药，一点效果都没有，中药真没用。

提问：看了热搜榜，你们有怎样的心情？会如何回击？

学生没有充足的论据，难以进行有力的回击。

小结：同学们，其实我们很想为中药发声，但我们却说不出来，这说明我们对中医药文化的了解还不够。

（2）看展览，再反击。

引导：今天我们一起去看一场特别厉害的展览，相信里面的展品能给予你们回击的力量。在参观时请注意摘录关键信息。

新闻馆（文字资料）	中医药在现代疫病救治中发挥重要作用。
古代馆（录音资料）	中医药在从古至今的 321 次大型瘟疫中控制了病情的蔓延，很多药方对现在仍有借鉴意义。
药物馆（视频资料）	中医药救治绝症有疗效。如速效救心丸、阿可拉定……

同桌合作，根据摘录的关键信息，试着再次回击微博热搜。

预设：

①我不同意这种观点，我认为中医药是很有用的，它在从古至今的 321 次大型瘟疫中有效控制了病情的蔓延。就热搜所说的情况，我觉得可能是他吃药的时间不够久。

②我觉得他说得不对，用对药的情况下，中药是有效的，比如原创中药阿可拉定能将死亡风险降低至 57%。上热搜的这个人可以考虑是不是用错药了。

小结：当我们有了一定的中药知识，才能强有力地为中医药发声。这是第一步，从不够了解到多了解。

2. 揭专利真相，明忽视

（1）认糖果，现真相。

引导：认识它吗？（出示图片）这就是日本大名鼎鼎的龙角散，可以止咳化痰。

一颗糖果

2022 年销售额 185 亿日元。在中国近 10 万家店铺展开销售。10 月，中国电商交易额 1.2 亿日元。

配方来自孙思邈的止咳药方"桔梗汤"。

提问：看到这，你们的心情如何？

预设：很愤怒，我们中国的药方被日本拿去使用，还创造了巨大的经济价值……

（2）谈专利，明现状。

过渡：如果中国当时能够申请专利，好好地保护这些药方，日本还能抢走吗？

预设：不能，看来我们还不够重视。

师：牛黄清心丸、救心丸、银杏叶制剂、蜂王浆口服液等都是用中国药方制成的药，但是因为我们不重视专利保护，被外国申请了专利。

小结：不重视，就是本草纲目消失的第二个原因。如果想把我们的中医药文化牢牢握在手里，必须扭转局面，今后多重视。

3.探价格差异，求创新

过渡：要想破解数字背后的秘密，得来完成探究挑战。

差价 10 多元

痰咳净散是我国利用这个药方制成的药物。它的功效几乎和龙角散一模一样。但痰咳净散约 6 元，而龙角散约 20 元，差价 10 多元。

小组探究差价原因

1. 利用多种方式（看、闻、摸）观察两种药品。

2. 探究差价原因，提炼三条理由，书写关键词。

学生上台板贴原因，教师归类。

师：发现大家都聚焦到了两者类型、口味、包装、宣传、技术上的不同。痰咳净散只是传统药物，不创新。想要把我们的中医药文化发扬光大，我们也要向龙角散学习，必须多创新。

小结：我们发现了"本草纲目"消失的原因，看来，要想把它牢牢握在我们中国人的手中，一定要做到了解、重视与创新，这就是传承。

设计意图 学生自主探究，教师通过分层递进式策略，帮助学生破解消失的原因是不了解、不重视、不创新。这一过程引导学生从发现到自省，从惊叹、气愤到立志传承，唤醒学生的责任感。

◆ 环节三 守正创新护本草 ◆

1.品牌创新，强国力

引导：我们来做创新家，推动中医药走向世界。

四人小组合作，借鉴龙角散的成功经验，从类型、口味、包装、宣传、技术上对传统中药"西瓜霜"进行产品创新，写在白板上。

小结：谢谢同学们的出谋划策，有了像多味西瓜霜、西瓜霜漱口水、西瓜霜跳跳糖这样多角度、多类型的创新，相信我们的西瓜霜在未来也会大变身。其实，有些品牌已经开始行动了，比如云南白药家族有云南白药、云南白药气雾剂、云南白药酊等，念慈庵家族有多种口味润喉糖、念慈庵川贝枇杷膏、念慈庵儿童枇杷蜜等。

2. 科技创新，展未来

引导：我们的中医药还存在见效比较慢、诊断手段不够精准的情况，为了更好地传承，国家开始了对中医药的科技创新之路。

播放视频：

利用基因工程、细胞工程技术对中草药进行改良，能提高珍稀药物的产量和品质。而运用中药发酵技术，发酵后药效提高 4~28 倍，还能减轻药物毒性，口味好转。人工智能也为中医药带来了新的思路和方法，帮助中医快速准确地得出诊断结果，还可以从大量药材中挑选出最适合患者的药材。

提问：如果这一切都能走进我们的生活，你们觉得中医药会有怎样美好的未来？

预设：会有越来越多的人认可中医药，中医院数量会增多……

设计意图 通过对龙角散成功经验的学习，学生根据自己提炼的方式对传统中药西瓜霜这一素材进行创新，在剖析、整合、运用中演绎传承。再引入介绍中医药文化与现代科技结合的成果，激发学生的文化自信。

◆ 环节四 谈变思法焕新颜 ◆

1. 感医者之大爱

教师配乐讲述历代中医药人传承之举。

神农尝百草奠定中医基础。

张仲景坐堂行医，为百姓打开治病大门。

李时珍穿草鞋背药篓走遍祖国大江南北、历时 27 年著成《本草纲目》。

屠呦呦亲尝疟疾痛苦，以身试药，将青蒿素献给世界。

……

提问：无数医者怀医者仁心，在千百年间传承着中医药，那么未来的交接棒会交到谁的手上呢？

预设：中医医生、我们……

2. 晓行之有道

过渡：很多像我们一样的少年已经行动起来了。

图片滚动播放小学生辨识药材、职业体验、参观药展、种植药材、品尝药膳……

提问：你又愿意为中医药的传承和发展做些什么？一起接力小诗。

_____是一种传承。我要_____。

预设：

（1）阅读是一种传承。我要阅读一本中医药的书。

（2）立志是一种传承。我要长大后学中医，治病救人。

总结：同学们，如果我们能从现在开始多了解、多重视、多创新，从力所能及的小事做起，努力去保护、传承优秀中医药文化，为中医药文化注入新的时代内核，相信我们的"本草纲目"不仅不会消失，还会重焕新颜！

设计意图 分享历史上中医药人的感人传承之举，引导学生明确传承的方向，观看图片和写接力小诗强化传承保护的信念并付诸行动。

"出圈"吧，传统运动

——推广传统运动主题班会

背景分析 >>

传统体育运动历史悠久，富有深厚的文化底蕴，是中华民族的精神财富和瑰宝，一直以其独有的东方魅力影响着世界。大部分小学生对传统运动不甚了解，平时很少参加传统运动，但对好玩有趣的传统运动有一定的好奇心。本次班会旨在宣传传统运动，丰富孩子们的课余生活，让他们喜爱上传统运动，传承优秀的传统文化。

班会目标 >>

认识与理解：深入了解传统运动项目背后的文化底蕴，了解传统运动强身健体、彰显智慧、弘扬文化等优点。

情感与体验：激发学生对传统运动的喜爱之情，增强民族自豪感。

意愿与行动：乐于传承和发扬中华优秀传统文化。

班会准备 >>

教师准备《宋潮运动会》三米画卷（安小逸所画插画）、铁环、毽子等。

板书设计 >>

本次课的板书在课上整体展示。

班会过程 》》

◆ 环节一 "一用"三米画卷：识传统运动，获初印象 ◆

1. 看图片猜运动

引导：出示足球、高尔夫球、举重、跳水、游泳等5种运动的图片，学生自主猜运动项目。

2. "出圈"的传统运动

提问：足球、高尔夫球、举重、跳水、游泳这些现代运动最早起源于哪个国家？

学生通过蹴鞠猜测足球运动起源于中国。

引导：高尔夫球、举重、跳水、游泳是否也起源于中国，我们来一次穿越之旅，到宋代去看看。（播放视频，内容是宋代已经出现的运动。）

3. 识画卷说起源

（1）初识古代运动。

同桌合作学习：

找一找在大型赛场上频频现身的运动项目，哪些是起源于中国的。

说一说高尔夫球、举重、跳水、游泳在古代叫什么名字。

出示《宋潮运动会》三米画卷。画卷上有20余种中华传统运动项目，如蹴鞠、捶丸等。

（2）交流古今运动项目。

学生分享古今对应的足球、高尔夫球、举重、跳水、游泳运动项目，并交流图中中国强项的运动项目。

（3）视频展示今人风采。

播放亚运会上高尔夫球、举重、跳水、游泳、足球等运动的视频。

引导：这些传统运动在中国流传了上千年，现在又在国际赛场上频频"出圈"，让我们为之自豪，为之骄傲。但是也有一些传统运动渐渐淡出人们的视线。请再次打开画卷，找找哪些传统运动被人们淡忘，在生活中不太常见。

学生交流。

小结：今天，就让我们走近它们，了解它们，让它们"出圈"吧！

设计意图 通过《宋潮运动会》三米画卷，激发孩子们对传统运动的兴趣。通过猜一猜和在画卷中找一找起源于中国的运动等活动，调动学生对传统运动的兴趣，了解传统运动的丰富与好玩。

◆ 环节二 "二用"三米画卷：荐传统运动，立自信 ◆

1. 布置驱动任务

引导：中国传统运动项目如此丰富，很多同学跃跃欲试，建议学校开展一次校园国风运动会。你看，学校大队部发来了邀请。

播放音频：

同学们，中国传统运动源远流长，充满魅力。为了让更多同学喜欢上传统运动，学校要举行校园国风运动会啦！让我们一起当传统运动推介官，向大家介绍你们喜欢的传统运动项目吧！

学生分组进行以下活动：

（1）分组体验传统运动，感受传统运动魅力。

（2）阅读传统运动相关材料，填写"校园国风运动"推介卡。

（3）小组派代表，上台为传统运动代言。

"校园国风运动"推介卡

推介项目：_____

健身指数☆☆☆☆☆（涂星星）

快乐指数☆☆☆☆☆（涂星星）

我的推介理由：_____

2. 交流推介项目

（1）抽陀螺。

学生推介抽陀螺，说明理由，谈体验和感受。

（2）滚铁环。

①邀请学生上台推介。

②学生现场比拼滚铁环，教师采访比拼学生的感受。

（3）踢毽子。

①踢毽子组学生上台推介，谈体验感受。

②教师引导学生发现体验的毽子材料的不同。

③学生思考并交流踢毽子的优势。

小结：中国人真是太有智慧了！这些传统运动器材便宜，制作简单。男女老少随时随地都可以锻炼身体，这就是传统运动的魅力啊！中国传统运动彰显着中华民族的智慧与创新。

设计意图 通过体验传统运动，增强学生的情感共鸣。创设学校举办国风运动会的情境，在活动中增加运动趣味性，调动学习积极性，在体验中寻找传统运动的好处。

◆ 环节三 "拓用"三米画卷：悟传统运动，增自豪 ◆

1. 了解武术，增自豪

（1）快闪播放。

每一项传统运动背后，都彰显着中华民族的文化及精神。播放快闪视频，视频内容是关于武术的特征，如距今 4000 多年历史，有 150 多个国家开设中国武馆，5 亿人都在学，体现了吃苦耐劳、匡扶正义的民族精神等。

（2）画面定格。

提问：距今 4000 多年历史、有 150 多个国家开设中国武馆、5 亿人都在学。这组关于武术的数字，你有什么问题吗？

预设：为什么这么多人学武术？为什么流传这么久呢？

（3）思考问题。

交流课前走进中华武术预学单。

走进中华武术预学单	
我了解的武术精神 / 好处	
我身边的武术例子	

预设：

①强身健体、培养品格：身边的人练习八段锦、五禽戏的好处和改变。

②博大精深、历史悠久：太极拳起源于原始社会，2020 年被列入人类非物质文化遗产代表作名录。

③体现精神、传扬文化：武术体现自强不息、匡扶正义、精忠报国的精神。

过渡：正因为武术有着巨大的魅力，也正因为有无数武术人身体力行的传承和宣扬，武术一代又一代传承下来，其中不得不提一个人——李小龙。

2. 活动体验，促感悟

播放李小龙首次在国际舞台展示中国功夫的视频。

师：李小龙是中国功夫首位全球推广者！让我们也来传承武术人精神，做做武术操，用我们的一招一式展现中华精神吧！

小结：不仅是武术，中国传统运动都具有丰厚的文化内涵。我们学习和传扬中国传统运动，不仅能根植中华精神，更能弘扬我国优秀的传统文化。

设计意图 武术预学单、走进武术人物、做武术操等活动，引导学生探索武术背后的历史故事，知道传统运动历史悠久，蕴含历史文化和古人智慧。学生明白传统运动所蕴含的智慧和创新。

◆ 环节四 "再用"三米画卷：承传统运动，乐践行 ◆

1. 接收运动任务

播放音频：

同学们，让我们人人参与到校园国风运动中来，积极推广中国传统运动吧！你们可以参加参赛组，成为传统运动的参赛者；也可以参加宣传组，用独特的方式宣传传统运动；还可以参加策划组，以创新的方式推广传统运动。

2. 填写运动践行卡

"校园国风运动"践行卡			
组别	□参赛组	□宣传组	□策划组
践行计划	1. 参加的传统运动： □踢毽子□跳绳□抖空竹 □武术□其他 2. 跟谁一起练： □同学□父母□兄弟姐妹 3. 每周练习_____次。	1. 宣传的传统运动： □踢毽子□跳绳 □抖空竹□武术□其他 2. 哪种途径了解传统运动： □上网查找□阅读书籍 □寻访身边传统运动达人 3. 宣传的方式： □做海报□做微信推文□其他	1. 创新的传统运动： □踢毽子□跳绳 □抖空竹□武术 □其他 2. 以下方面创新： □比赛规则 □运动器材□其他

"校园国风运动" 践行卡		
组别	□参赛组	□宣传组	□策划组
践行记录	打卡记录，每练习一次，点亮一盏灯。	把了解到的资料记录下来： ＿＿＿＿＿＿＿＿＿。 ＿＿＿＿＿＿＿＿＿。	写出创意想法： ＿＿＿＿＿＿＿＿＿。 ＿＿＿＿＿＿＿＿＿。
践行感悟			

小结：今天我们的上课内容也形成了一张"校园国风运动会"的宣传海报（见板书）！让我们从校园开始，掀起更大的传统运动风潮吧！让传统运动从历史中走出来，活起来！

设计意图 通过"'校园国风运动'践行卡"的活动，延伸课外，实现价值外化。孩子们在运动的过程中传承传统文化，传统运动从历史中走出来，活起来。

潮起中国，汇流出海

——传承国潮文化主题班会

背景分析 ≫

习近平总书记强调："没有高度的文化自信，没有文化的繁荣兴盛，就没有中华民族伟大复兴。"文化是国家与民族的灵魂，文化自信关乎民族的复兴。本次班会主要面向八年级的学生，这个年段的学生虽然已经有了一定的传统文化基础，但不一定深入了解其背后的含义和价值。因此，意在增强学生对传统文化的认同感和自豪感，鼓励学生思考如何将中国的优秀传统文化元素与现代精神有机融合，引导学生关注和理解中国传统文化的国际化趋势，让学生认识到自己在推动优秀传统文化走向世界中的责任和使命，推动中华优秀传统文化创造性转化、创新性发展。

班会目标 ≫

认知与理解：发现国潮就是传统文化与时代精神有机融合的潮流。

情感与体验：形成要真正让中国优秀传统文化走向世界的情感。

意愿与行动：探索中国优秀传统文化出海的原则是守艺智造、守心担责、守正创新，把出海原则落到实处。

班会准备 ≫

教师准备线索信、拍立得、国潮出海名片。

板书设计 >>

本次课的板书在课上整体展示。

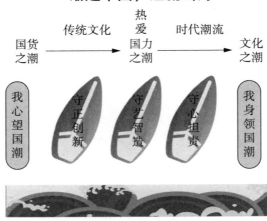

班会过程 >>

◆ 环节一　何为国潮，观潮当下 ◆

1. 穿汉服，感国潮

（教师穿汉服）学生描述教师的衣着。

预设：上红下绿的搭配正表现了白居易的"日出江花红胜火，春来江水绿如蓝"，从一件汉服能挖掘出传统文化元素。

2. 观采访，触文化

播放《国潮来袭》采访片段。视频内容是校园宋韵活动采访，学生畅谈"为什么要摆摊租赁汉服""为什么要身穿汉服"……同学们表达了自己对传统文化的热爱，一个全新的国潮时代正在来临。

学生交流。

预设：

（1）虽然越来越热爱传统文化，但是对传统文化却不甚了解，与传统文化有隔阂。

（2）现在有了更多"潮"的形式接触传统文化。

3. 亮潮牌，聚浪花

小组讨论国潮内涵，举起最佳潮牌。（学生在手举牌上用黑色水笔写上"你心目中的国潮是什么"，将手举牌张贴在黑板上。）

小结：国潮是以中国传统文化为根本底蕴，通过文化产品的形式，将传统文化与时代精神有机融合的潮流。从中国制造到中国智造，再到中国传统文化与时代精神的全面开花，国潮走过三个阶段，国潮可以是国货之潮、国力之潮、国运之潮。

设计意图 通过"亮最佳潮牌"活动，引发学生自身对国潮概念的探索欲，解码国潮现象蕴含的丰富内涵。真正值得我们追寻的国潮是传统文化与时代精神有机融合的潮流，国潮不仅有国货崛起，更是传统文化和大国科技驱动的全面创新。

◆ 环节二　何以为潮，回溯过往 ◆

1. 溯过往，辩文化

学生回顾以下现象，参与"一件马面裙带来的思考"辩论活动：你支持马面裙的改良吗？

近年来，马面裙在时尚界掀起了一股热潮。在各种文化活动、时尚秀场以及日常生活中，都能频繁看到马面裙的身影。它不仅成为国人彰显文化自信的时尚选择，更在国际舞台上吸引了众多目光，让世界领略到了中国传统文化的独特魅力。马面裙的设计者们将传统文化与现代时尚相结合，使马面裙跨越历史，融入当代。

预设：

（1）站在文化传承的角度，中华优秀传统文化成为设计师的灵感源泉，有利于文化传播。

（2）继承和发扬中华优秀传统文化，每个中国人都重任在肩。

（3）让人们爱上传统文化，我们应该走国潮之路，为优秀传统文化赋予新时代的内涵无疑是最好的方式。

2. 何为潮，明立场

教师展示文化图片，学生辨析文化传播的主体。

预设：文化的交流应该是正向的，文化输出也应该是积极的，我们中国人自己才是更了解中国文化的精髓，继承和发扬中国传统文化的人。

设计意图 回溯马面裙现象，增强情感共鸣。同时，促使学生产生讲好中国故事、发好中国声音的强烈意愿，为接下来的寻找国潮秘籍做铺垫。

◆ 环节三 如何弄潮，未来已来 ◆

学生分三个小组合作，每个小组抽取一张线索卡，线索卡对应一个任务。小组针对线索卡给出的提示进行讨论（五分钟），结合提供的"秘籍"回应问题。讨论后，每个小组派代表发表观点。解决了问题即完成了任务。

1. 任务一：探究国潮能够延续的深层动因

线索卡 1：请观看直播，帮助栏目回应弹幕质疑。

栏目：《国潮出海》。

栏目内容：各位观众大家好，这里是《国潮出海》栏目直播间，我是主持人。在近日举办的首届人民文创国际创意大赛颁奖盛典上，年轻的设计师张洁璐获得唯一的"最受欢迎设计师奖"。这个毕业于英国伦敦中央圣马丁艺术与设计大学的"90后"广东女孩，利用3D打印技术把艺术首饰与中国非物质文化遗产——皮影相结合，设计制作"重生·山海经奇兽皮影"艺术首饰系列，"复活"皮影和《山海经》中的奇兽，在海外时装周上呈现出耳目一新的视觉效果。

直播弹幕质疑：传统手工最终会消失吗？

栏目求助：如何回应弹幕质疑？

秘籍：守艺智造。

小组讨论后，小组代表发表观点。

预设："弄潮儿"利用 3D 等技术，守护传统技艺，让传统手工不仅不会消失，还会焕发新生。这是一种守艺智造，是国潮能够延续的深层动因。

2. 任务二：反思国潮火爆之下的隐忧

线索卡 2：请观看现象概述，提出你的建议。

国潮变国嘲现象：一些美其名曰国潮联动的"奇葩"单品，在文化上没看出什么讲究来，最直观的感受反而是"伪国潮"的哗众取宠，比如纸巾包装印上敦煌飞天图案、拍照时京剧戏服或者汉服一定要穿上，再配上一双豆豆鞋……有的产品一来靠抄，二来看着"土"，甚至打着国潮的旗号疯狂涨价。

问题：针对国潮变国嘲现象，提出改变这种状况的建议。

秘籍：守心担责。

小组讨论后，小组代表发表观点。

预设：国潮火爆之下，国潮的创新者更应守住初心，使用国潮的人应建立文化责任感。

3. 任务三：探究国潮澎湃下的成功之道

线索卡 3：请听《原神》音乐，了解其传播情况，回应问题。

音乐介绍：《原神》游戏音乐《神女劈观》引发海外戏曲热，被认为是中国游戏出海"新潮"。全篇唱词中几乎字字句句引经据典——"曲高未必人不识，自有知音和清词"出自高山流水的典故，"直指怒涛洗海清"寄寓着"天下太平"的理想……新谱一曲，旧意再提，二次元文化和传统文化的碰撞精妙入神。

问题：《原神》音乐为什么成功？

秘籍：守正创新。

小组讨论后，小组代表发表观点。

预设：守正旨在先弄懂传统文化的本质，坚守传统文化的核心。在此基础上进行创新，实现中华优秀传统文化的创造性转化、创新性发展。

设计意图 利用素材演绎促进价值判断，引导学生自主探索。学生通过"3D 皮影"的案例研究国潮能够持续的深层动因，提高学生对国潮驱动力的认识和理解。通过讨论国潮被滥用这个问题，学生形成正确的道德观念和价值观，学会独立思考，明白国潮的原则是守住文化初心，培养文化责任感。通过思考游戏与传统文化的成功结合，学生认识到国潮的实质是传统文化创新，既要坚守传统，又要拥抱变化，找到适合传统文化发展的新路径。

◆ 环节四　领潮由我，汇流出海 ◆

1. 察名片，引思考

学生观察出海名片，思考传统文化出海的启示。

人物名片介绍：

（1）个人层面：某短视频创作者的短视频用传统人物形象的国风变装，用年轻人喜闻乐见的方式弘扬传统文化。

（2）社会层面：2023 年 7 月，来自温州道尔顿小学合唱团的浙江代表团在第 23 届萨尔茨堡国际音乐节上带来了精彩表演。

（3）国家层面：杭州亚运会吉祥物"潮起亚细亚，携手向未来"向世界呈现中华文化之美。

预设：所谓"高手在民间"，中国文化走出去，需要千千万万个有创意的年轻人。我们要明白，讲好中国故事，不只是政府和媒体的责任，也是每一个中国人的责任。

2. 制名片，试出海

学生利用国潮出海秘籍，发挥创意，利用拍立得、水彩笔、双面胶等制作小组出海名片，参与征集活动。

学生将出海名片任意贴在国潮出海名片榜上，介绍名片特色，阐述原因。

预设：我们组的名片是"中药咖啡"，把中药咖啡出海到俄罗斯。在特色方面，精心挑选多种道地中药材进行科学配比，研制出具有不同养生功效的茶饮配方。

原因是中医药文化为中国的瑰宝，以养生咖啡的形式呈现中医药文化，能够让更多人亲身体验到中医药的神奇功效，从而增进对中医药文化的兴趣和了解。

小结：文化之潮要靠个人、社会、国家三个层面形成合力才能涓滴成海，奔涌成潮，最后使中国优秀传统文化之潮汇流成海。文明因交流而多彩，文明因互鉴而丰富。文明交流互鉴是推动人类文明进步与世界和平发展的重要动力。保护好中华民族生生不息的根脉是当代青少年的使命，传统文化将在每个人不同的生活中，更将在文化崛起之潮中，逐浪而行，成为世界之潮！

设计意图 设计国潮出海名片，激发学生以积极的姿态、负责任的态度与建设性的行为方式为中华优秀传统文化繁荣发展贡献智慧，鼓励他们充分发挥个人作为主体的传播力量，希望他们能够明白中华优秀传统文化的根和魂，更要继续深入理解中华优秀传统文化的精神内涵，做真正的国潮弄潮儿。

匠心：宋纸千年

——传承发扬纸文化主题班会

背景分析 >>

　　社会礼赞劳动创造，讴歌劳模精神、劳动精神、工匠精神。乡土文化教育是培育学生情感，提升文化自信，推动文化传承、创新的重要途径。本次班会主要以温州泽雅的造纸工艺为案例，对学生进行乡土文化教育，普及宋纸文化。温州是千年宋韵文化之乡，瓯海区泽雅镇是非遗古法造纸的活化石基地，了解、体验、研究和传承地方文化，理解和思索造纸术背后的"纸艺""纸术""纸味"的内涵，追溯和学习造纸术蕴含的意志品质和精神价值，有助于提升学生的本土文化自信和精神气质。

班会目标 >>

　　认知与理解：知晓纸的历史，概括造纸的纸术文脉。观察造纸流程，指出纸文化发展方向，认知专业规划。

　　情感与体验：动手触摸纸张，模仿造纸技艺，提炼纸艺的创新路径。

　　意愿与行动：热爱探索文化奥秘，建立崇尚劳动等习惯。激扬学生的文化自信，塑造爱岗敬业等劳模品质。激励学生努力读书，继续发扬精益求精等匠心精神，感受民族文化自豪。

班会准备 >>

　　教师准备非物质文化遗产古法造纸的体验活动道具。

古法造纸第一次劳动体验材料包：

（1）U 型水盆 2 组：模拟造纸水池蓄水。

（2）造纸过滤筛网 2 组：过滤纸浆、模拟滤网。

（3）捞勺 2 组：模拟淋水、浸水。

（4）搅拌器 2 组：捣碎纸张。

古法造纸第二次劳动体验材料包，在第一次实验道具的基础上，增加实验改进材料包：

（1）天然古法造纸胶。

（2）不同的纸浆。

（3）吸水双面海绵和毛巾。

板书设计 ≫

本次课的板书在课上整体展示。

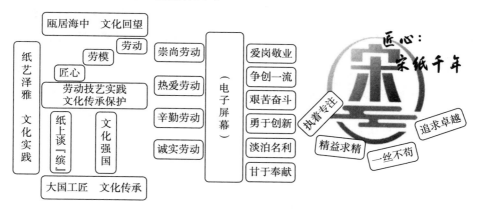

◆ 环节一　瓯居海中，文化回望 ◆

引导：温州古称瓯越。"瓯居海中"的"瓯"是古代对东南沿海地区（今浙江南部、福建北部一带）的称谓，"居海中"意思是这个区域当时被认为是在大海之中。在漫长的历史中，温州发展出深厚的纸文化，温州蠲纸更在宋代被列为贡品，而泽雅造纸被誉为"中国造纸术的活化石"。让我们一起走近"造纸术"。

1. 知晓纸的历史，思索文化进程

（1）纸张演变连连看。

龟甲、兽骨——笨重，不方便；麻——粗糙，不便书写；帛、丝织品——太贵，不能普及；蔡伦造纸术——原料易得，轻便好用。

（2）纸张特点大爆料。

师生快问快答纸张的优缺点。

（3）纸张的地位和意义。

视频播放蔡伦的社会地位及后代对他的评价，蔡伦在《影响人类历史进程的 100 名人排行榜》中排第 7 位，被誉为纸圣。

提问：蔡伦的出现具有怎样的划时代意义？

预设：纸张发明不仅改变了古代社会的书写方式，也推动了人类文化的繁荣与发展。纸张作为一种珍贵的文化遗产和信息媒介，在传承中承载着劳动人民的智慧和记忆。

2. 对比纸种特性，拓展文化应用

（1）纸种对比实验。

小组合作探究 1——对比实验

实验道具：宣纸、棉纸、皮纸、牛皮纸。

实验过程：用摸一摸、吹一吹、撕一撕、听一听，以及放到眼睛上看一看等方式，发现四种纸的不同，评价纸的特性。

教师分发实验物资袋，学生用手触摸比较四种纸张，小组讨论不同纸张的特性。

教师引导学生从平滑度、不透明度、抗水性能、白度、颜色、硬度、强度等角度比较。

（2）纸种文化应用。

学生交流讨论不同纸张可能带来怎样不同的文化用途。

3.感悟纸艺发展，记录文化延续

（1）展示纸艺产品。

教师现场展示校园中的纸文化艺术展览会成果。

教师站在摆满纸艺品的桌前，拿起一件纸雕的飞鸟，翅膀纹理清晰，羽毛根根分明，似要振翅高飞。接着，展示了立体的纸艺城堡，城堡里的小窗户、旗帜都精巧逼真。

（2）共续纸艺文化。

师生共同在用纸艺的灯上签名，点亮文化延续的光。

教师拿来一盏大纸艺灯。它以宣纸为罩，绘着古雅花纹，竹条做骨架，造型优美。师生们依次上前，在灯上认真签名。灯光透过宣纸，映亮了一个个名字，宛如传承之光被点亮。

> **设计意图** 认识纸张历史，理解文化传承是漫长曲折的；用手真实感受文化传承的物质载体是真实存在、鲜活、有力量感的；在签名中感受纸文化的魅力。

◆ 环节二 纸艺泽雅，文化实践 ◆

1.观察造纸流程，追溯文化意义

（1）职业造纸认知。

教师呈现基于职业的造纸术调查的分析。教师结合所在学校周边社区的访谈调查发现：①职业上，农民对造纸术了解较多，文员和学生了解较少；②年龄上，45岁以上的人曾体验造纸术，16岁以下的几乎没有。

提问：当代泽雅造纸术面临哪些问题？

预设：泽雅造纸面临经济效益低、效率不高、产量低、污染环境等问题。

（2）古法造纸坚守。

教师播放有关泽雅古法造纸流程的视频。

● 古法造纸术流程。包括切麻、洗涤、浸润、蒸煮、舂捣、打浆、抄纸、晒纸、揭纸。

● 古法造纸术背后故事。需要花费半年到一年的时间。泽雅人民持续千年代代相传与坚守。

● 古法造纸术的精神价值。

提问：泽雅古法造纸背后蕴含劳动人民怎样的品质？

预设：泽雅人民身上拥有崇尚劳动、热爱劳动、辛勤劳动、诚实劳动的品质。

2. 模仿古法造纸，探究文化科学

（1）古法造纸"初体验"。

教师分发古法造纸第一次劳动体验材料包，学生以8人为单位开展小组合作。

小组合作探究 2——动手实验

准备道具：水盆、纸浆、捞网、搅拌器、勺子等。

活动过程：1. 将原木纸浆撕成小块，放入盆中；2. 用搅拌器将废纸搅拌成浆状；3. 将浆状物均匀地倒在捞网上，让多余水流出；4. 将纸浆晾干，即可得到自制的纸张。

活动要求：请同学分享探究发现，交流这样造出来的纸张有何特点。

（2）棉纸制造"麻烦多"。

提问：在制作过程中遇到了什么困难？这样造出来的纸张可能有何特点？

学生交流讨论。引导学生与教师制作、分发的纸张进行对比，思考本次实验中的问题。

预设：不平整、气孔多、烘干难等。

3. 改进造纸不足，建立文化自信

（1）克服实验缺点。

教师分发古法造纸第二次劳动体验材料包，学生以 8 人为单位开展小组合作。尝试利用工具克服不平整、气孔多等困难。

小组合作探究 3——改良实验

准备道具：造纸胶、纸浆、海绵和毛巾。

活动过程：1. 用海绵或毛巾轻压纸浆，使其干燥；2. 加入天然造纸胶，使之与纸浆水融合；3. 对筛网进行震荡，将气孔排出。

提问：在改良过程中你感受到创新的本质是什么？

预设：每一次搅拌与打浆都是对材质特性的深入探索；每一轮压榨与晾晒，都是对工艺细节的极致追求。造纸的过程，就像是追求创新的过程：反复实践、不断发现问题。

（2）建立文化自信。

教师通过及时肯定、表扬小组的改良实验结果，提高学生的自信。引导学生理解传承除了手艺的延续，更深层的意义在于精神的赓续。

设计意图 引导学生在观察、模仿中理解文化传承背后的不易，促进学生形成劳动价值观和养成劳动素养；在造纸成功后初步建立文化自信，激发挑战自我的勇气和意志。

◆ 环节三　大国工匠，文化传承 ◆

1. 指明文化方向，总结劳动习惯

（1）探探我们和工匠的距离。

教师在多媒体上呈现纸圣蔡伦的故事，学生上台找出材料中体现的蔡伦工匠品质。

学生思考在日常生活中哪些地方可以模仿蔡伦的劳动品质。

（2）说说劳动精神在生活中的传播。

教师呈现近期开展的泽雅造纸术技艺 PK 赛、职工技能大赛、劳模表彰大

会、劳动教育课进校园等活动照片。

学生思考照片背后有哪些精神价值。

预设：

①崇尚劳动、热爱劳动、辛勤劳动、诚实劳动的劳动习惯。

②爱岗敬业、争创一流、艰苦奋斗、勇于创新、淡泊名利、甘于奉献的劳模品质。

③执着专注、精益求精、一丝不苟、追求卓越的匠心精神。

2. 提炼文化路径，塑造劳模品质

教师播放《造纸大王周东红的传承路径》。

第一部分"周东红：强国梦在纸业萌芽"：周东红如何在时代浪潮下，于心中种下纸业强国梦的种子，开启逐梦之旅。

第二部分"周东红：扎根纸业的拼搏路"：周东红在专业领域做出选择后，凭借不懈努力与钻研，攻克重重困难。

第三部分"周东红：荣耀背后的传承之光"：周东红收获成就与表彰，以其劳动品质将纸业精神传承下去。

提问：周东红倔强的造纸之路是否与时代脱轨？还有继承的必要吗？

预设：没有与时代脱轨。在现代社会，手工造纸等能让我们记住传统工艺，依然有重要价值。同时，传承人的坚守体现的工匠精神也激励后人在各个行业专注、执着，这种精神品质在任何时代都不过时。

教师引导学生思考我国自古就推崇工匠精神。工匠精神就是时代精神的生动体现。每个人都可以是工匠精神的诠释者和践行者。

3. 夯实文化融合，激扬匠心精神

辩论：学生分成两个阵营，进行辩论活动。

正方：造纸术传承关键在于培养专注执着的工匠人才。

反方：造纸术传承关键在于构建广泛多元的市场应用。

学生交流讨论。8个小组轮流派代表发言，发表观点；教师记录学生观点，引导学生辩证思考当代文化需要两者相融合。

小结：对个人而言，掌握一技之长，淬炼精湛技艺，能够在平凡岗位上建功立业，实现人生出彩。对国家而言，则是推动高质量发展、实施制造强国战略、全面建设社会主义现代化国家的必然要求。

设计意图 让学生在矛盾冲突中思索，引导学生对比和思索自己的平时学习、生活习惯，激发"爱岗敬业、争创一流"的使命感和"艰苦奋斗、勇于创新"的责任感；在辩论中实现个人价值和传承传统文化、提升文化自信的高度融合。

◆ 环节四　纸上谈"缤"，文化强国 ◆

1. 认知专业规划，执笔纸艺梦想

（1）志愿守护卡。

教师列举现代造纸工艺的精进，表明技能强国的重要性。学生领取志愿守护卡，填写相关信息。

志愿守护卡

我感兴趣的专业是：＿＿＿＿＿＿＿＿＿＿＿

这份专业需要＿＿＿＿＿＿＿＿＿＿＿＿＿＿的劳动习惯。

这份专业需要＿＿＿＿＿＿＿＿＿＿＿＿＿＿的劳模品质。

这份理想需要＿＿＿＿＿＿＿＿＿＿＿＿＿＿的工匠精神。

我承诺！我愿成为工匠精神的一部分，努力走上技能成才、技能报国之路！

守护者签名＿＿＿＿＿＿＿＿＿

（2）"匠心"践行。

学生谈谈如何在自己有志从事的专业领域里传承匠心精神。

2. 唱响乡土歌谣，赓续纸术文脉

（1）学唱纸山改编谣。

教师播放《纸山谣》视频旋律。

师生共同填词，借《孤勇者》的旋律改编成《纸山孤勇者》并合唱。

（2）传递志愿守护卡。

在同伴的共同鼓励下，签在对方的守护卡上。一起向困难发出挑战。

3. 好学中国故事，打造纸韵名片

教师布置课后探究作业。要求前往当地博物馆，寻找非遗展品和精神。本次课后是寻找温州的博物馆馆藏里的宋韵瓯风，获取对应地点的温州百工"盖章戳"。也可以选取其中一处或几处，结合传统文化的特点，拍摄宣传视频，上传班级宣传主页进行推广。

小结：要加强非物质文化遗产的传承，积极培养传承人，让非物质文化遗产绽放出更加迷人的光彩。要坚定文化自信，成为建设社会主义文化强国的重要力量。

设计意图 增强学生的情感共鸣，在填志愿守护卡中深化匠心情感，在改编合唱《纸山孤勇者》中积蓄文化自信；通过课后探究作业的后续导航式策略实现价值外化，激励学生将地方文化精神发扬光大。

第七章

理想志向教育

习近平总书记指出："青年的理想信念关乎国家未来。青年理想远大、信念坚定，是一个国家、一个民族无坚不摧的前进动力。"我们应引导学生关注个人与社会的关系，乐于筑梦，把报效国家、奉献社会当作自己的人生志向和人生抱负。

我国青少年中的部分存在理想志向空泛化，趋于功利化，以自我为中心，缺失社会责任意识和家国情怀等问题。开展理想志向教育主题班会课，帮助学生从"树立正确精神榜样"到"增强社会责任感"，再到"实现伟大复兴的中国梦"逐步进阶，勇做走在时代前面的奋进者、开拓者，真正成为为现实所需、为人民所求的时代新人。

理想志向教育主题班会课更侧重方法与价值双轨并进，避免灌输式的说理，我们运用素材演绎式策略，让学生在剖析、整合、运用素材的过程中坚定方向，促成价值判断，深化价值澄清，珍视价值生成，实现价值落地。比如，《中国速度里的中国梦》直面中国卫星导航发展瓶颈问题，让学生置身于面对快速和慢速的两难抉择困境；《追优质星，立正榜样》通过优质星推官活动，让学生创立真正值得他们追随的优质星光榜。在师生协同探究的过程中，教师引导学生走出只顾眼前、不顾长远，只顾自己、不顾别人的思想误区，激励学生在实现理想志向过程中要沉得住气、耐得住性子，真正让中国梦内化为青年之精神追求，外化为青年之自觉行动。

中国速度里的中国梦

——追寻中国梦主题班会

背景分析 》》

有一种速度叫作"中国速度"。中国速度是中国人民携手奋进、奔向中国梦的鲜明例证。有一种梦想叫作"中国梦"。中国梦，强国梦，中国梦是每个中国人的梦。从小培养孩子的梦想对中国未来发展非常重要。本次班会旨在让学生了解中国各个领域的发展速度，感受中国速度里的中国梦，唤醒学生的梦想，激发学生爱国之情，帮助学生树立正确的人生观和价值观。

班会目标 》》

认知与理解：认识祖国取得的伟大成就和祖国的强大，认识到梦想实现的背后需要漫长的付出。

情感与体验：感受实现梦想背后的精神，激发学生逐梦的信心和勇气，激发学生的爱国情怀，增强民族自豪感。

意愿与行动：将个人梦与中国梦相结合，树立为中华民族伟大复兴而奋斗的目标，并转化为日常的学习和生活实践。

班会准备 》》

教师准备梦想书写卡片。学生提前了解中国百年发展。

板书设计 >>

本次课的板书在课上整体展示。

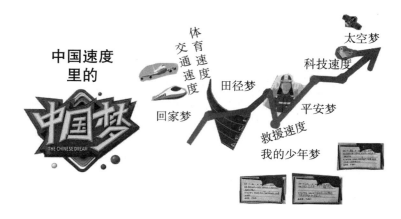

班会过程 >>

◆ 环节一　超越极限——体育速度里的田径梦 ◆

1. 观看视频，寻找体育速度

师：（展示图片）这个不可思议的速度来自男子 100 米短跑的赛场上。

观看苏炳添参加东京奥运会的视频，寻找其中的中国速度：9.83 秒。

2. 劣势对比，赞叹奇迹时刻

引导：苏炳添能跑出这个速度是一个奇迹，他克服了很多自身的劣势，如严重的肩部、腰部伤病。

出示东京奥运会男子 100 米选手卡片，小组讨论苏炳添的劣势在哪里。

预设：（1）苏炳添年纪最大。（2）苏炳添个子最矮。（3）苏炳添看起来没有别的选手强壮。

出示小贴士：

25~28 岁是田径运动员的黄金时期。

师：苏炳添"高龄"参赛，身体机能各方面都会和其他年轻选手有差距。

展示 2008 年、2012 年、2016 年奥运会男子 100 米决赛现场照片，学生观察后发现共同点——几乎都是黑人选手。

出示小贴士：

黑色人种在短跑上拥有种族天赋。他们的小腿较轻、肩膀更宽、胸部组织更密集，所以跑步时他们重心比一般人高，跑得更快。

师：苏炳添超越伤病、年龄、种族，成为东京奥运会男子 100 米决赛场上唯一一位黄种人。

3. 持续奔跑，感受超越自我

提问：如果你是苏炳添，已经获得这么大的成就，并且已经 34 岁了，你会选择停下来吗？

教师出示苏炳添在亚运会上的采访回应：全力备战明年巴黎奥运会。

小结：正是这种不断超越极限的体育速度，才能够圆苏炳添心中的田径梦。

设计意图 通过对比选手资料发现苏炳添自身劣势，以及他超越自身极限的拼搏精神，体会苏炳添田径梦实现的来之不易和背后的重要意义，增强学生对中国速度的情感共鸣。

◆ 环节二　争分夺秒——救援速度里的平安梦 ◆

1. 计算数据，比较速度快慢

出示两组数据，100 米游泳用时 1 分 02 秒，20 米游泳用时 30 秒。学生计算数据，比较两个速度的快慢。

出示两组数据的拥有者——曾启亮。1998 年，他参加亚运会男子游泳 100 米比赛，用时 1 分 02 秒，获得冠军，打破亚洲纪录，被称为"亚洲蛙王"。

提问：2023 年，40 多岁的曾启亮游泳 20 米用时 30 秒，你们觉得这个速度快吗？

预设：（1）不算快。（2）也算快，但是比起以前来说退步很多。

2. 发现真相，了解背后意义

学生观看视频，发现曾启亮游泳 20 米用时 30 秒这个速度的真相：救人。曾启亮刚从遵义市湄江河游泳上岸，听到有人在河里呼救，毫不犹豫跳入水中，拼尽全力游向溺水者，挽救了一条生命。

追问：现在，你觉得这个速度快吗？为什么？

预设：快。因为这是拼尽全力救人的速度。

3. 观看发现，感受救援速度

观看 2008 年汶川地震中国教科书式救援的视频。

提问：你们发现了哪些救援速度？

预设：

（1）武警部队徒步急行 21 小时，成为第一支进入灾区的部队。

（2）铁路部门 40 小时安排 25 列车运送救援部队和物资。

（3）十几万解放军在 72 小时内进入灾区进行救援。

（4）海军陆战队 43 小时携带重装备前进 1800 公里前往灾区。

小结：中国同胞守望相助、众志成城，造就了属于中国的争分夺秒的救援速度，守护了我们的平安梦。

设计意图 通过问题引领式策略激发学生深入探究中国速度。通过对曾启亮两次游泳速度的计算对比及其背后的故事感受救人的速度。观看救援视频了解争分夺秒的地震救援速度，感悟中国平安梦的实现需要中国同胞心系他人、守望相助。

◆ 环节三　奉献一生——科技速度里的太空梦 ◆

1. 十年变化，感受速度之快

观看视频《中国的十年》，了解中国在交通、基建、网络、脱贫等各方面快速发展。

提问：如果用一个字形容中国速度，你会用哪个字？

预设：快。

2.研发选择，辩证对待"快"速

引导：中国在研发自己的卫星导航的过程中，由于起步晚、技术落后并且受到一些西方国家排挤，研发过程屡屡受挫。

出示选择：

快速：加入欧盟"伽利略卫星导航系统"研发——马上可以获得导航系统。

慢速：继续自己研究，研发时间未知。

提问：如果是你们，你们选择哪种速度？为什么？

显示中国在2003年的选择：申请加入欧盟"伽利略"计划。

提问：这样速度快了，但是真的好吗？

出示欧盟重大的核心技术研发将我国排除在外的结果。

小结：核心技术必须掌握在自己手里，哪怕速度比较慢。中国继续自己研发导航系统。

3.攻坚克难，终成航天之梦

播放现在的导航语音：已为你开启北斗高精导航服务，准备出发。

出示向全球提供服务的北斗三号系统开通时间：2020年。学生计算从北斗一号系统1994年启动开始到2020年，研发所需时间为26年。

展示中国航天发展历程：从1970年第一颗人造地球卫星"东方红一号"发射到2020年"天问一号"实现第一次自主火星控测。学生计算发展时间：50年。

播放视频，内容为中国航天人的回忆。学生感受航天研发过程中的艰难和几代人的传承。

小结：中国的科技发展道阻且长，科技速度的背后是无数科研人一生的奉献。

设计意图　通过素材演绎式策略增强学生对"速度"背后体现的价值判断

力，了解中国太空梦的实现背后是航天人一代代的奉献和传承，感受中国航天精神。

◆ 环节四　我的少年梦 ◆

1. 思维发散，了解更多中国梦

中国速度里还有许多中国梦：基建速度里的高楼梦、网络速度里的5G梦……

2. 领悟践行，根植少年中国梦

学生书写自己的少年梦想：

我也有一个_____梦，我想为中国_____速度助力。
为了实现这个梦想，我现在要_____。
我的梦！中国梦！

学生分享梦想，钉在梦想板上。

小结：田径梦、平安梦、太空梦就是强国梦。同学们，你们的梦想就是未来的中国梦！希望你们传承中国速度里的中国精神，实现属于你们的少年梦，筑成我们中华民族的中国梦！

设计意图　这一环节的活动实现学生对中国梦的价值外化。通过书写自己的梦想卡寻找自己的未来理想，埋下为梦想努力奋斗的思想种子。

奥运里的中国梦

——增强理想信念主题班会

背景分析 »

中国奥运的发展历程与中国梦紧密相连，奥运健儿的成就激发了全国人民的爱国热情和民族自豪感，成为推动国家繁荣的重要精神力量。六年级学生正处于认知与心理发展的关键期，对奥运与中国梦等主题充满好奇。探讨中国奥运发展的历程及其与中国梦的关联，引导学生理解个人梦想与国家复兴的紧密联系，同时，中国奥运"迎难而上"的精神能激发学生的斗志与勇气，培养他们不屈不挠、勇于拼搏的精神风貌，增强时代责任感，为实现个人价值与中国梦贡献力量。

班会目标 »

认知与理解：了解中国奥运的发展历程，理解奥运发展与中国梦的紧密联系。

情感与体验：理解奥运是全民族共同的成就和荣誉，激发学生的时代使命感。

意愿与行动：个人梦想融入中国梦，真正践行时代接班人的责任和使命。

班会准备 »

制作奥运金牌模型、梦想天秤、《奥运时报》、金牌书签。

板书设计 >>

本次课的板书在课上逐步呈现。

班会过程 >>

◆ 环节一 "落后时代"的"参赛梦" ◆

1. 中国缺席，激情引梦

（1）回顾奥运，发现缺席。

提问：观看前三届奥运会的基本介绍。你有什么发现？

预设：中国都没有参加。

追问：继续观看后来四届，又怎么样？

预设：还是没有中国。

（2）叩问原因，激发情感。

提问：面对第八届巴黎奥运会，全球44个国家3092名运动员参加，中国却依旧无人参与，你有什么想问的？

预设：我们国家什么时候能够参加奥运会？

（3）三问奥运，引出梦想。

配乐导读：中国何时才能派一位选手参加奥运会？中国何时能取得第一枚

金牌？中国何时能举办奥运会？

提问：此刻如果你们身处那个时代，你们最迫切的梦想是什么？

预设：让中国参加奥运会。

2. 英雄逆行，参赛圆梦

（1）追寻英雄，感受品质。

提问：是谁实现了这个参赛梦呢？

预设：刘长春。

师：正因为他勇于挑战，他成为"中国奥运第一人"。

（2）设想场面，铺设对比。

提问：1932年，他出征时会是一幅怎样的场面呢？

预设：应该会非常热闹，锣鼓喧天！

追问：真的如你们所想吗？让我们一起来看看刘长春的参赛经历。

（3）观看视频，体会坚毅。

提问：同学们，刘长春这次参赛都经历了什么？

预设：他不屈服于伪满政府的胁迫，不屈服于远渡重洋的艰辛，不屈服于外国人的冷眼嘲笑，毅然决然奔赴赛场。

小结：正因为他勇于挑战、坚毅不屈，才托起了这个沉甸甸的参赛梦。（板贴"参赛梦"）

3. 时代探寻，价值解梦

师：最终刘长春没能取得一枚奖牌。有人说，既然没有获奖，那这次参赛就没有意义，你们同意这个观点吗？

学生自由表达后，教师进行小结提升。

小结：参赛梦的实现让中国第一次踏上奥运舞台，向世界宣告：中国不会亡，奥运需要中国。

设计意图 以现代奥林匹克历程中的"中国缺席"为情感起点，感受百年前中国所遭遇的困苦和艰难，从而体悟刘长春"孤身参赛"这种不屈的追梦精神，感受参赛梦背后的艰难和意义。

◆ 环节二 "赶上时代"的"金牌梦" ◆

1. 回首无金，梦之期盼

师：仅仅参赛梦的实现，依旧迎来了一些外国媒体的污蔑。如果看到这样的报道，你会是怎样的心情？

预设：愤怒，想要驳斥。

引导：但只是心里愤怒、嘴上驳斥，有用吗？我们怎样才能真正回击荒谬的"污名"？

预设：我们要取得金牌，取得好成绩。

小结：是啊，（板贴"金牌梦"）正是这枚亟待实现的金牌梦。

2. 掂重首金，梦之重量

请学生观看40年"夺金之路"的时光卷轴，并打出我国奥运首金的仿制模型。

师：夺金太不容易了，一直到1984年，许海峰终于夺下中国奥运史上第一枚金牌。此刻，老师手上就有这么一枚奥运首金的仿制模型，谁愿意来掂量掂量，看看重吗？

预设：很轻，不重。

追问：是啊，这枚金牌仅125克，难道我们民族的"金牌梦"只有这么一点重量吗？

预设：很重！

追问：是什么让你觉得这枚仅125克的金牌如此沉重？

预设1：这枚金牌是中国历史上第一枚奥运金牌，意义重大！

师：它承载的是民族的期盼！（板贴"民族期盼"）

预设2：这枚金牌是许海峰拼搏努力的成果！

师：它实现了他的梦想追求，承载了他个人的人生价值。（板贴"个人价值"）

预设3：这枚金牌打破了"东亚病夫"的污名。

师：它承载的是国家乃至民族的尊严！（板贴"国家尊严"）

3. 探因多金，梦之突破

出示数据，展示 1984 年和 2024 年中国参加奥运会的金牌数量。

师：短短 40 年，金牌梦不仅实现了，更是有了巨大的突破。你们知道是什么推动了金牌梦的突破吗？

预设：运动员的拼搏和努力。

师：运动员的拼搏是金牌梦实现的基础，但仅仅只有运动员为此而拼搏吗？

小组合作，共同阅读《奥运时报》。

提问：哪些群体助推了金牌梦的突破？

预设：工人群体、后勤团队、教练群体等。

小结：原来需要这么多人的默默奋斗，才能高高托举起我们民族的金牌梦！

设计意图　感受一枚金牌背后意义之重大，承载之沉重；小组共读《奥运时报》，感受金牌梦的实现和突破凝聚着无数人共同拼搏、奋斗的力量。

◆ 环节三 "引领时代"的"强国梦" ◆

1. 承办奥运，筑梦辉煌

回顾申奥和北京奥运会开幕式的视频。

提问：对这场奥运会，你们会用怎样的词来形容？

预设：无与伦比、精彩、最成功。

追问：对于这次北京奥运会中国代表团取得的成绩，你们怎么看？

预设：太了不起了，我们拿到了金牌榜第一的成绩。

追问：那此刻，你们是怎样的心情？

预设：很激动，很高兴！我们的祖国太了不起了！

追问：如今的我们能不能称得上是一个奥运强国？

预设：绝对可以。

2. 审视奥运，惜梦有缺

过渡：然而事实真的如此吗？如果没有美国通用电气的技术和设备，奥运赛场将一片漆黑。如果没有日本松下高清转播的技术支持，奥运比赛将无法观看。

提问：此刻，你们有什么想法？

预设：希望我们国家能够摆脱对这些外国技术的依赖。

追问：但如果外国企业都是免费提供给我国这些技术，要还是不要？

学生自由辩论。

教师补充西方对中国技术封锁的资料。

师：面对上述种种，我们又该怎么做？一如习总书记的嘱托，我们必须把把科技的命脉牢牢掌握在自己手中，在科技自立自强上取得更大进展，不断提升我国发展独立性、自主性、安全性。

提问：此刻，免费的你们还要吗？

预设：不要！

小结：是啊，我们都有一个强国梦！（板贴"强国梦"）

3. 助力奥运，追梦不断

提问：（观看视频）那 2024 年的巴黎奥运会，我们是否做到了这一点呢？

预设：我们的奥运科技有了质的突破。

小结：正是我们的科技不断创新，才得以实现强国梦！如今的中国不仅能承办自己的奥运会，更能走出国门，为世界贡献我们的"中国力量"。

> **设计意图** 通过辨析强国梦是否已经实现，打破学生的固有认知，深刻理解实现强国梦需要自强不息的追梦精神，激发学生的时代责任感。

◆ 环节四 "未来时代"的"中国梦" ◆

1. 自制金牌，立志自强

请学生们将志向写在金牌书签上并进行分享。

预设：

（1）我给自己写下的是"运动锻炼"，未来我也要站上运动会的舞台。

（2）我给自己写下的是"认真学习"，将来能用知识回馈祖国。

2. 品读名言，激发担当

学生齐读习近平总书记的话，"下一个'中国'，还是中国"。

总结：当我们小小的立志梦想汇聚在一起，就能将中国梦高高托举！（板贴"中国梦"）

设计意图 通过自制金牌书签，引导学生将个人梦想融入中国梦，立志自强不息，表达对未来梦想的追求与担当。

追优质星，立正榜样

——追寻新时代榜样主题班会

背景分析 >>

初中生正处于人生的"拔节孕穗期"，我们要帮助青少年扣好人生"第一粒扣子"。但不少学生辨别能力弱，缺乏对榜样人物内涵的挖掘和对榜样力量的提炼以助力成长。因此，本次班会对学生盲目追星行为进行纠偏，对"追什么""怎么追"的问题进行正面引导，从而帮助学生寻找值得追随的优质榜样，树立正能量的榜样。

班会目标 >>

认知与理解：培养学生是非判断力和信息甄别能力，树立正确的偶像价值观和健康向上的追星观。

情感与体验：激发学生要理性追星的内心意愿，形成冷静思考、不盲从的思维。

意愿与行动：自觉改正不理智的追星行为，励志追求正榜样。

班会准备 >>

教师准备刮刮卡、星推官奖杯。

板书设计 >>

本次课的板书在课上整体展示。

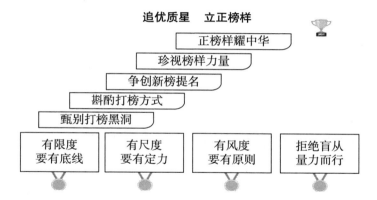

追优质星　立正榜样

正榜样耀中华

珍视榜样力量

争创新榜提名

斟酌打榜方式

甄别打榜黑洞

| 有限度
要有底线 | 有尺度
要有定力 | 有风度
要有原则 | 拒绝盲从
量力而行 |

班会过程 》》

◆ 环节一　"星"语心愿，甄别打榜黑洞 ◆

1. 饭圈语言来测试

展示"'圈语'等级测试卷"，与学生互动完成。

2. 呈问卷现结果

（1）班级同学追偶像的方式。

师：老师课前做了小调查，发现我们班有同学花钱追星，如购买周边、刷礼物等，还有更多同学花时间追星，如看微博、打榜、听歌、追剧等。

（2）班级同学为"爱豆发电"蓄力图。

师：班级中有 30.5% 的同学每年在追星应援上会花费 500 元，62.3% 的同学每周会花费 3 个小时的时间在追星上。

3. 播报应援辨理性

（1）新闻播报间：社会上的应援方式。

播报 1：粉丝为给偶像打榜投票，只留酸奶瓶盖扫码，雇人将奶整箱倒掉。
播报 2：学生没有钱追星，某社交平台上推出贷款来给偶像打榜的服务。
播报 3：花钱找网络水军有偿删帖和炒作，控制偶像的负面舆论评价。

（2）时事点评员：你们怎么看待上述追星方式？

预设：

①追星要有限度，不造成浪费，要有底线。

②追星要有尺度，不超前消费，要有定力。

③追星要有风度，不破坏舆论，要有原则。

小结：我们要用一双慧眼，甄别打榜黑洞。不要掉进造星工厂的打榜黑洞里，给自己、他人甚至社会环境都造成不良后果。

设计意图 通过调查结果和问题引领，激发学生深度探讨追星问题的兴趣，引导学生对问题进行剖析。新闻播报和时事点评员的活动，让学生评析追星问题，明白理性追星要把握限度、尺度和风度。

◆ 环节二 心随"星"动，斟酌打榜方式 ◆

1. 两难情境辨打榜

提问：（导入情境）小丽想带动你一起买盲盒来支持她的偶像。你买不买？

预设：

（1）盲盒里的物品如果是自己需要的，我会买。

（2）我不会因为好朋友喜欢就跟着买。好朋友要彼此尊重，不强求对方。

小结：买盲盒不盲从，远离追星绑定式的盲区，斟酌打榜方式。

提问：小迷喜欢的偶像变成劣迹艺人。小迷还要不要继续追？

预设：不要追艺德艺品、为人处世有问题的明星，他们会带来负面影响。

2. 调查数据显问题

师：班级里有94%的同学追的是娱乐明星，其中多数喜爱的是明星的颜值。另外有3%的极少数同学是追体坛明星，而只有3%的同学追其他领域的偶像人物。

小结：不该只局限于追娱乐明星，我们要看到其他领域里值得我们学习的榜样人物，以他们为偶像。要追优质偶像，追寻的是偶像身上的优秀品质。

3. 榜单取消引深思

出示中央网信办推出取消明星艺人榜单等举措，以及相关评论，引导学生要为其他领域的优质偶像发声。

设计意图 通过多层递进式策略引导学生自主探究追星乱象。通过两难情境的辨析，学生明晰了守护偶像的守则。班级学生追娱乐明星居多且以崇拜颜值为主要追星原因，这为下面探讨追星真正的意义做好铺垫。结合取消明星艺人榜单这一举措自然引出对学生追星认知进行纠偏的环节。

◆ 环节三 慧眼识"星"，争创新榜提名 ◆

1. 优质星推官

教师引导学生创立一个真正值得追随的优质星光榜，做优质星推官，争创新榜提名。

2. 星探发布会

各小组抽取刮刮卡后，讨论并以星探发布会的方式进行展示。

（1）1号优质星发布形式：跑步成绩数字群揭秘。

发布体育优质星。苏炳添从2012年百米成绩10秒多到2021年的9.83秒，遭遇了腰伤的困境，经历过退役两难，因为锲而不舍，他成就了自我，成为亚洲百米飞人。

（2）2号优质星发布形式：训练过程关键词进阶。

发布航天优质星。王亚平身穿200公斤的水下训练服，面对与男航天员相比在力量上的不足，她总是用加倍的练习来达成目标。因为顽强拼搏，她成为第一位太空出舱的中国女航天员。

（3）3号优质星发布形式：震撼图对比。

发布革命优质星。周全第在长津湖战役中失去了双手双脚。星推官将书法作品的刚劲有力和书法作者的无手无脚的图片进行对比，让同学们感受周全第不断突破自我的生活追求。

小结：追星可以追各领域优秀的人，我们要追优质星，以他们为榜样。

设计意图 通过星推官活动，充分激发学生要正向追优质星的情感。借助优质星刮刮卡方式和星探发布会，让学生全员都参与到挖掘和欣赏各领域优质偶像的活动中，让优质偶像的品质真正浸润学生内心，形成全体学生向优质偶像看齐、向正能量榜样学习的氛围。

◆ 环节四 "星星"相映，珍视榜样力量 ◆

1. 榜样视频激行动

学生观看榜样视频，教师引导学生要珍视榜样的力量。

2. 填写成长星计划

学生填写成长星计划。星计划包括以谁为榜样，如何行动成为榜样。学生在成为成长星的道路上做到心有计划，争当阳光星级少年。

3. 行星命名耀中华

展示以中国科学家名字命名的小行星，教师指出这是国际性、永久性荣誉。

师：袁隆平、吴孟超两位院士虽然已经离世，但"袁隆平星""吴孟超星"仍将一直守望我们。为国家，为人民，为社会做出重大贡献的人，是值得敬佩的真"顶流"。

小结：时代在呼唤各个领域的优质偶像，作为国家的新兴力量，你们每个人都将成为一颗星，星光熠熠，立正榜样耀中华。

设计意图 学生实现用实际行动来向正榜样致敬的价值内省。通过榜样视频激活学生内心想要成为"星"的意愿。成长星计划让学生从知行合一的视角看待追星的意义。展示以中国科学家名字命名的小行星，让向正榜样学习的价值意愿成为自觉行动。

强国有我　青春有为

——立志报国主题班会

背景分析 >>

实现中华民族伟大复兴是需要青年人不断努力和奋斗的。高中生常年埋头苦读，很多学生对专业的选择思考较少，因从众心理，一些学生都怀有同一个梦想，而一些专业渐成冷门。国家建设需要各行各业的支撑，青年人需要学会正视自我，发挥个人才干，到适合的岗位上去；同时，青年人也应当具有民族使命感，勇挑国家重担，到国家需要的地方去。

班会目标 >>

认知与理解：走近祖国建设者，正视国家的需求，启发学生从国家角度来思考问题。

情感与体验：感受文物伤痛，激发爱国情怀；感受榜样力量，唤醒民族使命感。

意愿与行动：明确作为中国青年的使命与责任，到祖国有需要的地方去，结合个人特长与国家需要制定人生目标。

班会准备 >>

教师准备调查问卷，主题是理想职业与职业选择出发点。

板书设计 ≫

本次课的板书对应环节二、三的内容。

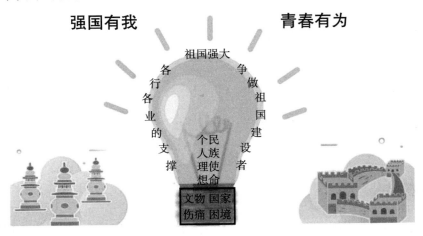

班会过程 ≫

◆ 环节一　以青春之我成民族之梦——站在人生的岔路口活动 ◆

师：（导入情境）今年你的姐姐高考取得了全省第四的好成绩，她从小喜爱考古，准备填报考古专业。你们准备开一场家庭会议，一起帮姐姐的志愿填报出主意。

预设：（1）支持（追逐梦想）。（2）不支持（就业前景、工资不高）。

1. 还原人物原型

文字出示湖南女孩钟芳容的故事：

湖南女孩钟芳容以 676 分取得了全省第四的好成绩，她报考了北京大学的考古专业。一时间在网上激起了千层浪，网友们都不看好考古专业，认为这是一个不赚钱、不好就业的冷门专业。那么，考古专业到底有多冷门？北京大学的考古专业被称为"最孤独的专业"，每年没有多少人报考，2018—2024 年连续 6 年，专业只招收了 1 个人。

2. 揭示背后困境

文字出示：

现状 1：当前我国考古工作面临编制与从业人员严重不足的问题。以我国国家级考古科研单位中国社会科学院考古研究所为例，至 2020 年，该所编制仅为 140 人，实有人员 133 人，该所各考古队缺编严重。

现状 2：现实的压力下，越来越多考古后备人才正在流失，中国的考古工作存在陷入后继无人、孤立无援之境的危险。同时，越来越多的发掘由盗墓团伙进行，一个接一个，肆无忌惮，将盗掘的文物轻易贱卖。三三两两的考古队员，疲于奔波，打扫着一个接一个的"残羹剩饭"。

3. 感受榜样力量

师：（边出示 PPT 边讲解）有人说"不了解敦煌，就别说了解中国"，敦煌是唯一汇流四大古老文明的宝地，敦煌遗书堪称"中国中古时代的百科全书"。然而这座中国文明的殿堂，却不是人们就业所向往的地方，2022 年国考报名人数突破 200 万，报名比例高达 68:1，敦煌考古编制岗位却无人问津，敦煌研究院考古研究所张小刚所长无奈地说：一个都不来，何其心酸！然而每一个时代，都有着自己的英雄，面对现实困境，总有人逆行。在"感动中国 2019 年度人物"的颁奖盛典上，"敦煌的女儿"樊锦诗的故事感动着无数中国人，让我们一起来观看她的故事。

视频播放"敦煌的女儿"樊锦诗的故事。

提问：了解了樊锦诗的故事，同学们，此时此刻你们有什么样的感受与收获？对于钟芳容的选择，你们是否有了新的看法？

预设：感动，振奋人心，支持钟芳容的选择。

小结：冷门专业考古学的背后隐藏着国家文物的伤痛，也反映出考古人员严重不足的国家困境。有困境就有需求，就像樊锦诗所言，到最苦难的地方去，到国家最需要的地方去。

设计意图 揭示隐藏在冷门专业背后的国家困境，让学生知道强国之路任重而道远。利用榜样的力量感染学生，启示学生个人的梦想是民族梦想的重要支撑，到祖国有需要的地方去是青年人的一种责任与担当。

◆ **环节二　感文物伤痛，唤爱国情怀——感知历史的温度差活动** ◆

1. 走进大英博物馆

出示数字敦煌与大英博物馆内的敦煌壁画的对比图。

过渡：在樊锦诗的精心呵护下，敦煌壁画彩塑艺术得以永久保存。然而不是所有的敦煌壁画都得以流传，同学们可以看到，图片上的壁画没有任何保护措施，正在供游客参观。暗淡的色泽与触目惊心的割痕清晰可见，这是位于大英博物馆内的敦煌壁画，让我们一起走进大英博物馆一探究竟。

视频播放大英博物馆内的中国文物。

提问：文物的伤痛蔓延到了全球各地，是否蔓延到了你们心里？此时此刻你们有什么样的感受？

预设：心痛、难过、气愤……

2. 走近祖国建设者

师：历史昭示我们落后就要挨打，只有强大的祖国才能捍卫我们的文物，而祖国的建设需要建设者，请说出你们心目中的国家建设者。

学生分小组讨论，派代表发言，主题为"我心目中的国家建设者"。

提问：国家的建设是否只需要高端人才？

预设：不是，还有各个岗位的基层工作人员，包括大桥建设的螺丝工人、清洁工等。

过渡：其实祖国的建设离我们并不遥远，就在我们的身边。

3. 走近校园建设者

请学生找出校园内的祖国建设者。

预设：教师、食堂阿姨、宿管老师、后勤人员……

小结：祖国强大的背后是每一个中国人的努力，我们每一个人都是祖国的建设者。

设计意图 唤醒身在和平年代的学生的忧患意识，警醒学生要铭记历史，激发爱国情怀，引导学生思考祖国强大的背后是每一个中国人的努力。

◆ 环节三 怀报国之心，担强国之任 ——接过时代的接力棒活动 ◆

1. 时代接力

文字出示：

钟芳容故事的最后，她仍然坚定地填报了考古专业。对于网上的种种质疑，钟芳容其实都知道，她给出自己的解释。钟芳蓉的偶像是"敦煌的女儿"樊锦诗，她希望自己也能成为像她那样的人，为国家的考古事业贡献力量。北大历史系毕业的樊锦诗了解到钟芳容的事之后更是送去口述自传，并写信鼓励她：不忘初心，坚守自己的理想，静下心来好好念书。受到前辈鼓舞的钟芳蓉，连夜回信：希望能追随您的脚步，选择北大考古，选择为考古献身，也希望找到心灵的归处。

展示双方书信。

过渡：就这样，两代人之间完成了时代的接力。我们每一个人都有梦想，课前老师对全班同学的职业理想与出发点进行了统计，我们一起来看结果。

展示课前同学们填写的职业意向表以及择业理由统计结果。有的同学想当公务员，因为工资稳定。有的同学想当教师，可以享受寒暑假。有的同学想从事金融行业，渴望取得高收入。

2. 我的理想

引导：听完了樊锦诗与钟芳容的故事，同学们有没有觉得你们的职业出发点过于单一，在考虑个人理想的时候除了兴趣与收入，我们还应该考虑哪些因素？

预设：国家需求、民族使命……

请同学们重新填写职业意向表，让部分学生分享自己的职业规划。

3. 扬帆起航

过渡：作为新时代的中国青年，你们将要接过时代的接力棒，让我们一起聆听习近平总书记对青年的期盼。

视频播放习总书记的讲话，倾听习总书记对青年人的期望。

小结：老师希望这次班会课可以点亮你们的梦想，以梦想为引，找准方向，砥砺前行。

设计意图 展示学生原先对个人理想的规划与原因，启发学生思考个人梦想与国家需求的对应关系，让学生重新审视自我、重新思考职业方向。聆听习总书记对青年人的期盼，激发家国情怀，给予学生向着目标前进的动力源泉。

以理想之光照亮奋斗之路

——理想教育主题班会

背景分析 ≫

青年一代应弘扬爱国奋斗精神，把自己的理想同祖国的前途紧密联系在一起，拼搏奋斗。《中小学生德育工作指南》中明确表示："不断树立为共产主义远大理想和中国特色社会主义共同理想而奋斗的信念和信心。"让高中生了解理想不仅仅局限于个人高考成绩和就业，更同国家的前途命运联系在一起，开展"理想教育"主题班会尤为重要。

班会目标 ≫

认知与理解：反思自身，明白树立远大理想的重要性。

情感与体验：感受理想与社会发展、国家需求的联系，激发为中国梦奋斗之情。

意愿与行动：畅想未来，将意愿转化为当下为个人、为国家奋斗的行为。

班会准备 ≫

学生彩排情景剧。

教师调查学生的理想信念。

板书设计 ≫

本次课的板书对应环节二、三、四的内容。

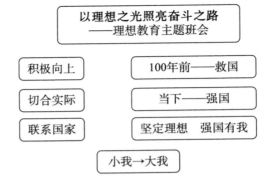

班会过程 »

◆ 环节一　明理想之涵义 ◆

1. 涵义明晰说理想

让学生说说理想的涵义以及自己的理想。

师：理想是指对未来事物的美好想象和希望，多指合理的，与空想不同。

理想信念小调查

1. 你有坚定的理想吗？

A. 有　　B. 无

2. 你的理想是什么？_____

3. 你正在为自己的理想而全力奋斗吗？

A. 是　　　B. 否

4. 你觉得自己高中阶段的努力是为了什么？（至多可选三项）

A. 考上理想的大学，找到合适的工作

B. 增加自己的学识涵养，做更好的自己

C. 报答父母，将来有能力养活他们

D. 将来能为祖国贡献自己的力量

E. 不清楚　　F. 其他_____（写下你的真实想法）

---

2. 调查结果见理想

展示小调查数据结果，近 70% 的学生没有坚定的理想，他们所拥有的理想是考大学、找工作、赚钱等。将学生写的理想截图展示。

采访学生对该调查结果有哪些发现。

预设：有些同学认为在奋斗过程中遇到阻碍时可以轻易放弃和改变理想。

设计意图 引导学生自主探索自己是否拥有理想信念，个人理想是否与国家命运有关系，以及如何坚定信念不断地奋斗。

◆ 环节二 固理想之信念 ◆

1. 情景剧表演现态度

学生表演情景剧：

自习课下课后，小豪趴在桌上睡觉。英语课代表小敏来收作业时吵醒了他，俩人拌起了嘴。

小敏：都高中了，还整天不做作业，好意思睡觉啊！

小豪：要你管啊！离高考还有那么久呢，而且我又不打算考清华！

小敏：你跟没有理想的咸鱼有什么区别啊？你想当啃老族、当蛀虫吗？

小豪：理想能当饭吃吗？享受当下才重要！等到高三满 18 岁了我就去做主播赚大钱，说不定不用参加高考了呢！

2. 结局讨论固信念

提问：小豪有理想吗？他的理想是什么？

小组讨论小豪未来的人生会怎么发展。讨论后说出自己组的续演剧本。教师总结如下：

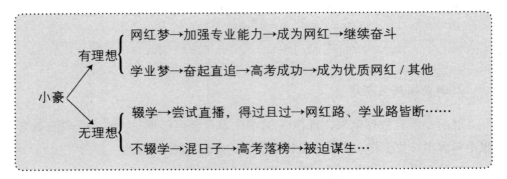

教师选取 2~3 组上台表演，选择不同版本的演绎方向：有理想 vs 无理想。

提问：理想的意义是什么？

预设：心有所信，方能行远。坚定的理想信念是支撑人们拼搏奋斗的精神支柱。

追问：我们应该树立怎样的理想信念？

预设：理想要积极向上。（板贴"积极向上"）

小结：理想，终究要靠奋斗来实现，不能消极空谈。在任何领域想要获得成就，都需要我们拥有积极向上的理想信念，并不懈地奋斗，增加内在涵养，提升品格。

设计意图 通过素材演绎式策略引导学生自主剖析、整合、续演自己的想法，促进学生做出要为理想奋斗的价值判断，明白无论是学业之路还是网红之路都需要树立坚定的理想信念，并不断地为之付出努力。

◆ 环节三 悟理想之真谛 ◆

1. 听听学长说奋斗

播放本校 2022 届毕业生攻读复旦大学物理专业的谢同学音频——《我的理想》。

我从小热爱科学，高中时期物理也是最擅长的学科。一直以来我的理想就是做物理方面的科研，为国家贡献力量。

提问：学长是如何树立坚定理想的？我们应该树立怎样的理想信念？

预设：理想要切合实际。（板贴"切合实际"）

小结：结合自身的爱好与特长树立理想，让未来理想实现的可能性最大化。坚定理想，找到奋斗方向！

2.活动体验悟真谛

以"立鸿鹄志　做奋斗者"为主题，学生每4人一组，选择一位人物（教师展示桂海潮、张桂梅、钱学森三位人物的照片及其素材）书写100字左右"颁奖词"，并上台展示。

人物素材：

桂海潮：那个6岁时躺在山坡放牛"牧星"的孩子，36岁时真的去天上"摘星星"了。2023年夏天，航天员桂海潮实现了儿时的航天梦。从以优异成绩考上北京航空航天大学，到成为宇航学院一名教授，再到成为我国执行载人飞行任务的首个载荷专家，他始终坚定理想，生动印证着"胸有凌云志，无高不可攀"。

张桂梅：为了坚守"只要还有一口气，就要站在讲台上"的志向，张桂梅驻深山执教二十余载，建立了中国第一所免费的女子高中。"春蚕到死丝方尽，蜡炬成灰泪始干"，她就像那无私奉献的春蚕和蜡炬，把自己的一切都奉献给了学生。

钱学森："两弹一星"元勋钱学森是我国杰出的科学家，青少年时期的他在心中埋下了"立志成才，报效祖国"的种子，对这八个字的坚守，铸就了他功勋卓著的一生。他的故事象征着中国科技工作者对国家的坚定承诺和不懈努力。

提问：他们的共同点是什么？是什么力量让他们坚持下去？

预设：他们有坚定的理想信念，才能在一次次抉择和挫败中不忘初心；他们将自己的个人理想融入国家蓝图，才能时刻以国家利益为先。生为小我，极力去探寻热爱的生活，但同时也应践行大我的价值，为国奋斗。（板书"联系国家"）

屏幕显示：生为小我，寻找自身所爱；活为大我，照亮社会之境。

设计意图 学生增强对伟人树立理想的情感共鸣，体验追求理想过程中遇到的困难与抉择，感悟到树立理想不仅要积极向上、切合实际，还要联系国家命运。

◆ 环节四　延理想之传承 ◆

1. 历史节点望百年

播放视频：

五四青年的理想信念

1919 年 5 月 4 日，五四运动爆发。一群青年爱国之士上街游行，街头宣讲：誓死捍卫中国，与敌人血战到底！苟利国家生死以，岂因祸福避趋之。

提问：100 多年前青年一代的理想是什么？

预设：

（1）五四青年在风雨如晦的中国苦苦探寻民族复兴的前途。

（2）平均年龄只有 22 岁的红军队伍，在长征路上闯关夺隘、奋勇向前。

（3）不畏牺牲、只为救国是当时青年一代的理想。

（板贴"100 多年前——救国"）

播放视频：

当代青年为理想奋斗之路

新中国成立后，中国的有志青年一直奋战在强国路上。钱学森为报效祖国归国、第一颗原子弹爆发、第一枚奥运金牌获得、建国 70 周年阅兵等。如今，中国太空站建立……

他们的故事很精彩，而我们的故事才刚刚开始。五四精神，传承有我！

提问：当代青年的理想是什么？（板贴"当下——强国"）

预设：新时代，中国青年要勇做走在时代前列的奋进者，用青春和汗水创造出让世界刮目相看的新奇迹。如今这盛世，已如先辈所愿！

屏幕显示：中国梦——国家富强、民族振兴、人民幸福。

2. 理想名片描未来

学生填写以下内容。

我的理想之光与奋斗之路

姓名：_____
我的理想：_____
为了实现中国梦，我希望在_____（职业）贡献自己的力量。
现在的我要如何为了理想奋斗？

2025年高二分科　2026年高中毕业　2030年大学毕业　2049年40岁+

小结：带着坚定的理想信念，踏实地走好每一步。每个人在本职岗位上锐意进取、苦干实干，终将凝聚起国家繁荣进步的澎湃力量。一代代青年不断地用奋斗这抹最亮丽的底色描绘未来，为实现中国梦这一崇高理想而奋斗终身，向着第二个百年奋斗目标进军！（板贴"坚定理想　强国有我"）

设计意图　激发学生为中国梦奋斗的价值内省，唤醒学生树立理想为"强国"而奋斗的行动愿望。促使学生畅想自己每个阶段未来的样子和规划当下奋斗之路，实现价值外化，真正行动起来。

第八章

生态文明教育

在 2023 年全国生态环境保护大会上，习近平总书记强调，必须以更高站位、更宽视野、更大力度来谋划和推进新征程生态环境保护工作，谱写新时代生态文明建设新篇章。

加强生态文明教育，提升学生生态文明素养是十分必要的。在实际生活中，一些学生的生态文明意识相对薄弱，缺乏践行生态文明的能力，没有形成稳固的生态责任感。我们应当分学段开展教育活动，小学阶段要注重学生生态文明认知培养，初中阶段要注重学生生态文明能力培养，高中阶段要注重学生生态责任感和创新能力培养。

开展生态文明教育主题班会课，帮助学生从"树立正确的生态观"到"提高生态文明创新和实践能力"到"形成建设生态文明社会的责任感和使命感"，逐步提高生态文明素养。

生态文明教育主题班会课重在引导学生牢固树立社会主义生态文明观。生态文明观念的形成需要经历"知道—感受—内化—行动"的过程，因此我们运用分层递进式策略促进学生生态文明价值观的形成。比如，面向小学三年级学生的《守护水精灵》，通过"估水实验室""节水练兵场"等，使学生意识到淡水资源的匮乏，习得节水的方法，践行节水行动；面向高中生的《无废 vlog 生成记》，让学生将垃圾带入课堂，分析哪些可回收，分享废品如何再次利用。学生在逐层体验中感受无废的重要意义。在师生协同探究的过程中，学生从树立生态文明的意识转化为自觉行动，从保护环境的热情转化为生态责任感，最终养成绿色低碳的生活方式。

守护水精灵

——节约用水主题班会

背景分析 »

2019年，国家发展改革委、水利部联合印发《国家节水行动方案》，强调"要从实现中华民族永续发展和加快生态文明建设的战略高度认识节水的重要性"。

在本班实际生活中，通过问卷调查与课间检查，发现诸多浪费水资源的现象。种种现象表明，小学三年级学生虽然知道节约用水，但是惜水意识不强，也不明白节水护水的小妙招，知行不合一。因此，开展节约用水主题班会是必要的。

班会目标 »

认知与理解：联系生活，明晰生活中浪费水的现象，了解水资源匮乏的现状。

情感与体验：感受水资源的宝贵。

意愿与行动：习得生活节水小妙招，学会合理用水、优化用水，争做惜水、节水、护水的公益使者。

班会准备 »

教师准备带刻度的透明水箱2个，250ml和100ml烧杯各10个，一根滴管。对全班学生进行问卷调查。

板书设计 》》

本次课的板书对应环节二、三、四的内容。

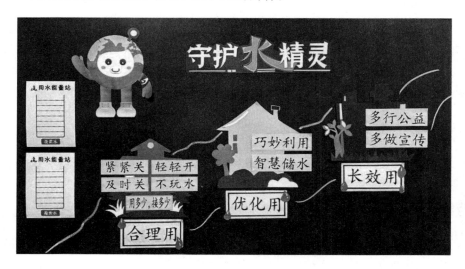

班会过程 》》

◆ **环节一　创设情境，趣味导入** ◆

1. 趣味猜谜

出示谜语：

谜面：
同学没我渴分分，污渍见我抖三抖。
哗啦哗啦真开心，流动一圈亮晶晶。
（谜底：水）

2. 创设情境

用水精灵霖霖的视频动画创设情境。
介绍水精灵：

大家好，我是霖霖。你瞧，我全身蓝色，寓意着地球上有很多水。我就是水的守护神，我有三样法宝，节水之钥、环保之标、守护之靴，有了这三样法宝，我就能守护地球，人类就能幸福生活！

引出浪费怪：

我来啦！我就是霖霖的天敌费费。我就是想让你们缺水、停水、没水用的浪费怪。现在霖霖的节水之钥、环保之标、守护之靴都在我手上了！

师：让我们和霖霖一起拿回法宝，守护水精灵！

设计意图 立足儿童视角，以猜谜语的趣味问题激发学生兴趣，引入学习伙伴水精灵，贴合学生年龄特点，活泼生动。

◆ 环节二　聚焦开关，人人合理用 ◆

1. 问题呈现，明晰浪费现象

提问：校园里有哪些浪费水的现象？
预设：拿水玩，没关紧，长流水，接太多，开太大……

2. 估水活动，树立惜水意识

（1）守护行动一：估水实验室。
过渡：假设烧杯内的一升水就是地球水资源总量，估一估人类可使用的水资源有多少？
小组合作进行预估，并将预估的水量倒入小号烧杯中。
（2）小组汇报。
预设：①人类可使用一杯水。②人类可使用半杯水。
教师示范用滴管吸 0.65 毫升的水，滴在手心里，向学生介绍这就是全世界的人可使用的水量。
提问：通过这个实验，你有什么感受？

预设：

①原来我们可使用的水资源这么少！

②可使用的水资源这么少，我们要珍惜水资源啊！

小结：我们要珍惜水。

3. 连接生活，树立节水意识

提问：设想停水一天，全家能用的只有一桶水，你们会用来做什么？

预设：

（1）我会用来刷牙洗脸。

（2）我会用来烧饭，因为人必须吃饭。

（3）我要用来喝水。

补充缺水新闻，可以本地新闻为例，如温州的永嘉、乐清隔日供水，楠溪江水位严重下降，大龙湫瀑布水量明显减少，温州市发布黄色干旱预警。

小结：水资源和我们息息相关，节水意识很重要。

4. 动手实操，学习节水方法

（1）泛说妙招。

提问：你们知道哪些节水妙招？

预设：①要关紧水龙头。②不玩水。③水龙头开小一点。

（2）守护行动二：节水练兵场。

请两位同学上台示范开关水龙头，其余同学做小观察员仔细观察。

①模拟午餐前洗手的场景。

台下学生观察洗手盆内用水量差别，并反馈。

教师补充一个滴水的水龙头一年会流失约 32000 升水。

霖霖课堂：

使用水龙头时，如果开一半，一分钟就可以节约 3.5 升水。据研究，水流开得像筷子那样粗细，既能保证需求，又能节水。

小结：开水龙头要轻开紧关。

②模拟用洗手液洗手的场景。

提问：小观察员们，对于他们的演示，你们有什么建议吗？

预设：水开得小一点；抹洗手液的时候及时关闭水龙头。

追问：还有什么情况要及时关闭水龙头？

预设：洗头、洗澡、洗菜、洗衣服的时候。

小结：及时关闭，禁止长流水。

（3）强化巩固。

出示各种类型的水龙头图片，全班同学根据不同类型的水龙头做出相应的关闭水龙头的动作。

教师将学生的动作总结成节水儿歌：

小小龙头要注意，轻开紧关及时闭。

转一转，提一提，节水意识在心底。

小结：节约用水是大事，习近平爷爷强调，节水，拧紧水龙头的事，是个等不得、拖不了的当务之急。

5. 场景拓展，辨析合理用水

（1）守护行动三：情境大迷宫。

让学生根据下图情境，判断对错。

守护行动3——情境大迷宫

（2）情境辨析。

请学生分享正确的节水做法。

预设：

①上厕所时，根据不同的情况使用大小水的按钮。

②为了不浪费水，要把水喝完。如果实在喝不完，可以留作他用。

③水资源很宝贵，不能玩水。

小结：学会了轻开紧关和清瓶行动，就做到了合理用水。

设计意图 在估水活动的体验中产生认知冲突，直观地认识到地球水资源的缺乏，激发珍惜水资源的意识。结合生活实事，感知水资源与生活息息相关，明确缺水是全球性问题，提高节水意识。借助守护者行动，在做中学、学中悟，习得节水妙招。借助节水地图，辨析不同场景的合理用水，提高思辨能力。

◆ **环节三　聚焦循环，家家优化用** ◆

1. 调查反馈，学习一水多用

（1）家庭用水调查。

提问：你家一个月需要用掉多少吨水？

预设：① 15 吨。② 20 吨。

（2）守护行动四：用水能量站。

小组活动要求

1. 想一想：淘米水、洗菜水还可以怎么用？

2. 贴一贴：将想到的用途贴到能量条上。

学生分享交流，完成用水能量站学习单（板贴至黑板）。

霖霖课堂：

淘米水是个宝。它是植物的营养剂，可以浇花、浇树。它还是天然的清洁剂，可以用来洗菜、洗水果。

小结：一水多用就是节水的最好方法。

2. 图片启发，养成储水习惯

观察储水桶、水循环浇花的图片，发现日常生活中有许多智慧用水的方法。

小结：节水就在日常点点滴滴的行动中，经过巧妙利用、智慧储水，水就得到了优化使用。

设计意图 结合学生家庭生活的实际情况，激发学生自主想办法利用家庭废水，达成一水多用、及时储水的目的。借助小组讨论，帮助学生在课堂上落实从知到行的目标，将优化用水运用到节水的方方面面。

◆ 环节四　聚焦护水，社会长效用 ◆

1. 现场感受，践行护水行动

（1）观察河水。

提问：桌上的这杯水就来自温州的母亲河——温瑞塘河。闻一闻有什么气味？

预设：没什么气味，有一点大自然的味道。

（2）交流变化。

让学生将温瑞塘河的图片和对应的年份连线。

温瑞塘河的变化

1962年　2002年　2022年

图片来源：新闻中心–温州网

提问：温州的母亲河为什么变得这么脏？

霖霖课堂：

污染的水源会引起急性或慢性中毒，引发传染病。鱼类、贝类等带上毒素，人类食用这样的水生物就会得病。污染的水源还会导致周边植物发育不良，甚至枯萎、死亡。

小结：污染的水严重危害了生态。

（3）交流责任。

提问：我们可以做什么？

预设：①写倡议书。②去河道边捡垃圾做公益。③做宣传。

小结：爱水、护水是我们每个人的责任，我们要守护自己的家园，守护好每一滴水，人与自然和谐共生。

2. 提升总结长效护水

播放视频：

守护好人类可使用的 0.26% 淡水资源，让水资源可以被人们长效使用。

总结：生态是永远的话题，我们都是生态的守护者！

设计意图 以温州的母亲河温瑞塘河为重要素材，让学生感受身边的水污染，在剖析、整合、运用素材的过程中坚定方向，促成价值判断。交流责任引导学生通过多种途径保护水资源，借助视频提升认识：保护水资源，人类才能长效使用水资源。

节用纸精灵，约在行动中

——节约用纸主题班会

背景分析 》》

党的二十大报告中鲜明地提出在全社会弘扬勤俭节约精神。勤俭节约是中华民族的传统美德，具有重要的生态指征和生态意蕴，对解决现代生态文明问题具有重要启示。学校可以说是"用纸大户"，纸张浪费是最严重的浪费现象之一。因此，让孩子认识到纸的浪费严重，明白纸来之不易，养成节约用纸的习惯对生态文明建设非常重要。

班会目标 》》

认知与理解：认识纸的作用，了解用纸现状。

情感与体验：激发节纸情感，体验节约使用练习本的方法。

意愿与行动：初步树立节纸意识，培养节纸习惯，主动参与节纸行动。

班会准备 》》

教师准备节纸学习单。

板书设计 》》

本次课的板书在课上逐步展示。

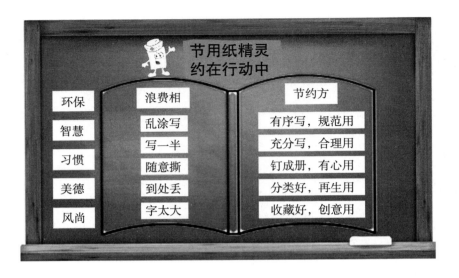

班会过程 >>

◆ 环节一 游戏互动，识"纸精灵" ◆

1. 摸百宝箱，识"纸精灵"

引导：瞧，这个百宝箱里可藏着宝贝呢！摸一摸，你们发现了什么？

预设：（1）千纸鹤、报纸、绘本和贺卡。（2）都是纸做的。

2. 找身边纸，知作用大

追问：你们还知道哪些纸？

师：老师也发现了它们的影子。（各类纸质用品图片播放至满屏）

小结：看来纸就像小精灵，藏在生活的角角落落。（板贴"纸精灵"）

3. 看工序图，激惜纸情

播放视频《纸的制造过程》。

提问：小小的一张纸竟然要经过碎木、洗涤、浸灰水、蒸煮等多种工序。你们有什么想说的？

预设：工序太复杂了，纸来之不易，需要我们好好珍惜。

通过触摸纸质作品、观看图片和视频等多维体验式策略激发学习兴趣。摸百宝箱和找身边纸的身体体验，让学生发现纸就在身边；观看《纸的制造过程》的视觉体验，让学生体会纸来之不易。

◆ 环节二　交流反馈，知浪费现状 ◆

过渡：校园里也有一种"纸精灵"需要我们珍惜，那就是练习本，平时你们都用练习本做什么？

预设：列竖式、打草稿、听写、做笔记、画画。

播放视频《练习纸的遭遇》：

一张纸从完整洁白到被涂画、被撕、被踩……最后变成一张残疾纸。

提问：在视频中你们看到了哪些浪费行为？

预设：有人到处丢纸，随便撕，在本子上乱涂乱画。（板贴"乱涂写""随意撕""到处丢"）

追问：除了这些，你们身边还存在其他浪费练习本的现象吗？

预设：有人字写得很大，几个字就占了一大面；有人只写了一半。（板贴"字太大""写一半"）

小结：原来是这些浪费行为（板贴"浪费相"）让我们的练习本那么伤心呢！

通过视频和提问，让学生交流校园中存在的浪费纸的现象；再追问学生身边的浪费现象，激发学生的节纸意识，增强学生的情感共鸣，体会到节纸的必要性。

◆ 环节三　活动体验，习节纸良方 ◆

1. 动手体检，反馈问题

过渡：那我们班同学的练习本是否也存在这些问题呢？一起来体检吧！

练习纸体检单	
写一半	随意撕
字太大	到处丢
乱涂写	其他

请学生上台汇报。

提问：除了体检单中的，有没有人发现其他浪费相？

预设：跳页写。

过渡：大家体检得真仔细！昨天，老师也对咱们班的练习本进行了大体检。看了报告单，你们发现了什么？

报告单上显示随意撕有 21 本，乱涂画 28 本，没写完 39 本。

预设：我们班的练习本浪费很严重！

2. 思辨讨论，探讨危害

播放音频：

浪费一张纸没什么大不了的！你同意吗？

预设：不同意，因为每人浪费一张，很多人浪费就是无数张。

播放视频《造纸带来的危害》：

生产一吨纸，要砍七棵树；每人浪费一张纸，全世界就要多砍 18900 棵树。造纸污染也很大，需要用数量大、种类多的化学用品，再混合着多种原材料，变成废水、废气和废渣，会严重污染地表和地下水。

小结：看来浪费纸不仅是浪费资源，更会污染环境，节用"纸精灵"，从现在做起！（板贴"节用"）

3.展示交流，汇报方法

从写一半、乱涂写、随意撕这三种典型问题中选择一种，写出节约方，要求如下：

选一选：选择本组最需要解决的问题；

写一写：用简短的文字把节约方写在卡纸上。

过渡：让我们当当节纸小神医，看看方法行不行。

（1）被写了一半的练习纸。

游戏口诀：

大家一起来敲门（敲桌子），咚咚咚，咚咚咚，谁来了？

（出示图示）写了一半的练习纸来啦，谁有办法节约它？

预设：尽量写、纸写完。

小结：充分写，合理用。（板贴"充分写，合理用"）

（2）被乱涂写的练习纸。

游戏口诀同上。

出示被乱涂写的练习纸。

预设：不乱涂、不乱写，按顺序写。

小结：（出示本班优秀案例图片）像这样从上到下，从左到右，加上横线，又添了序号，既美观又节省，这就是有序写，规范用。（板贴"有序写，规范用"）

（3）随意撕后的零散页。

游戏口诀同上。

出示随意撕后的零散页。

预设：用胶带粘起来或者用订书机订成本。

师：（边放视频边说）瞧，眼熟吗？这是用剩的田格本、拼音本、方格本，他还有心地加上了牛皮纸封面！一本新的练习本就诞生了！这就是做节纸的有心人。（板贴"钉成册，有心用"）

（4）写满用完的废纸。

播放录音：

同学们，听了你们的方法，我的收获可大了，可我又有了一个小疑问：如果我的纸全都写满了，该怎么处理呢？

预设1：擦掉，用涂改带。

师：（分析）使用橡皮不仅会擦破纸，还会造成更大的浪费，而涂改带对身体有害。

预设2：做收纳盒、纸飞机等。

师：（提炼）你的想法真有创意，这就是收藏好，创意用。（板贴"收藏好，创意用"）

预设3：可以把它送回它的家——可回收垃圾桶。

师：（拓展）其实，纸也是一种再生资源，回收后还会拥有第二次甚至第三次生命！

播放再生纸视频：

回收一吨废纸能生产800千克好纸，节省17棵大树，节省一半以上的造纸资源，减少35%的水污染，第一次回收后可以再造成书籍、稿纸、名片等，第二次回收后还可以制成卫生纸。

小结：这就是分类好，再生用。（板贴"分类好，再生用"）

4.学唱儿歌，巧记节约方

引导：看，节约方已经排好队成了一首儿歌，一起唱唱吧！

我是节纸小能手

我是一个小能手，节纸本领强；

有序写呀，规范用，写得真漂亮；

充分写呀，合理用，把纸都用完；

哎呀，我的练习本，变呀变了样！

我是一个小能手，节纸本领强；

订成册呀，有心用，分类再生用；

收藏好呀，创意用，把纸用得棒；

哎呀，我的练习本，节省又漂亮！

设计意图 利用练习纸体检、思辨讨论、写节约方等活动，分层递进总结出前三个较为容易操作的方法；又归纳出后两个"进阶"的方法，让思维节节攀升。最后，学唱儿歌巩固节纸方法。

◆ 环节四 生活拓展，养节约习惯 ◆

1."纸精灵"变身，风暴药方

过渡：除了练习本（板贴书本形状），其他的纸你还会节约吗？来挑战吧！

"纸精灵"变身飞行棋。教师让学生摇电子骰子，按摇出的数字走飞行棋，每走一步都会出现一个生活中的纸制用品（餐巾纸、美术书、旧报纸等），请学生说出它的节约小妙招。

预设：（1）餐巾纸——少用几张，手绢毛巾替代用。（2）美术书———弟弟妹妹循环用。（3）旧报纸——开动脑筋创意用。

2. 填写卡片，养好习惯

引导学生课后填写"节纸智慧卡"，评选节纸小能手！

我是纸精灵	节纸小妙招	节约在行动（做到后打钩）
纸杯	（如用保温杯替代）	
绘本旧书		
纸皮箱		
牙膏盒		
纸袋		
礼盒		
其他		

3. 公益广告，拓展提升

引导：同学们，不仅是学校，全社会也在节约用纸呢。
播放公益广告：

节约用纸，全社会都行动起来了！越来越多的公司采用无纸化办公，用电子文档代替纸质稿；火车票、飞机票等用身份证代替，很多公共场所已设置智能取纸机，刷脸取纸，一次只取 70cm。近期，德国还发明了一种电子纸，和普通纸张一样轻薄，可以大大减少纸张的使用。

小结：节纸就在每一个人的行动之中。每人每天节约 1 张纸，全校就能节约 2000 张，一年就能节约 730000 张，全国就能节约 2000 万棵树。节纸不仅是对环境的保护，更是一种习惯、一种智慧、一种美德、一种风尚！

4. 创意折纸，约在行动

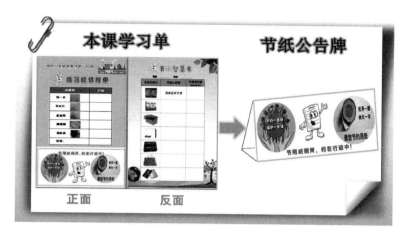

师：拿出学习单，沿着痕迹折一折，它就成了节纸公告牌。课后把它放在你认为最需要的地方。来，一起喊出我们的约定：节用纸精灵，约在行动中！（板贴"约在行动中"）

设计意图 在游戏中交流更多节纸方法，在折公告牌中实践对纸的重复利用；填写"节纸智慧卡"、观看公益广告对本课内容进行提升，让节约不止于练习纸，而是所有纸，也不止于课堂，更在生活中。

节能减排，你我同行

——节能减排主题班会

背景分析 >>

党的二十大报告提出："积极稳妥推进碳达峰碳中和。"《公民生态环境行为规范十条》倡导形成简约适度、绿色低碳、文明健康的生活方式。虽然部分学生已有节能减排意识，但采用方法不够科学合理，并未真正有效地实现低碳生活。因此，结合学生行为，开展节能减排主题班会，引导学生践行真正有效的节能低碳生活。

班会目标 >>

认知与理解：了解不环保行为的危害，掌握真正有效的环保节能、低碳生活的基本方法。

情感与体验：感知节能减排的迫切性。体验一物尽用、多用，增强环保意识和生态文明意识。

意愿与行动：运用所学避免和减少生活中的"高碳"行为，践行真正有效的低碳生活方式，培养生态环境保护技能。

班会准备 >>

教师制作"最美环保人"推荐卡。

板书设计 >>

本次课的板书对应环节三的内容。

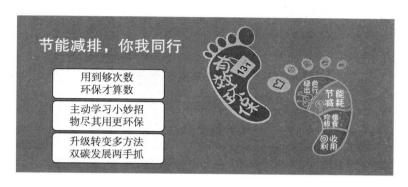

班会过程 >>

◆ 环节一　看图文视频知危害 ◆

1. 高碳行为亮一亮

播放校园中多种电力浪费行为的视频。

学生交流视频中所呈现的高碳行为，即电力浪费。

2. "环保债务" 理一理

引导：或许有同学会说"灯和空调没关，这也浪费不了多少电呀"。

（1）出示数据。

生产一度电的过程中消耗的能源及产生的污染数据如下。

所需能源	煤炭	净水	柴油	天然气
所需能源总量	310g	4L	190g	59g
排放的污染物质种类	二氧化碳	碳粉尘	二氧化硫	碳氧化物
排放的污染物质总量	160g	272g	6.2g	15g

（2）计算碳排放量。

过渡：每1度电不仅会消耗这么多的能源，还会增加0.785kg碳排放量。

请问我国每年平均浪费电力 12 亿度，每年增加多少碳排放量呢？

预设：9.42 亿 kg。

（3）对比碳排放量与碳吸收量。

提问：如此巨大的碳排放量，它们都去哪儿了？

人类活动碳排放的去向示意图

30% 进入森林

继续参与碳循环　　　40%——？

30% 进入海洋

提问：那剩下的 40% 呢？

预设：碳会排放进入大气。

提问：没错，剩下的 40% 全部排入大气，那么会导致什么后果呢？

预设：温室效应等。

提问：二氧化碳的急剧增加给地球带来了哪些危害呢？

预设：温室效应、冰川融化等。

教师结合数据补充不当行为给地球带来的影响。

小结：地球伤痕累累，我们绝不能坐以待毙。

设计意图　真实再现身边的不环保行为，结合计算碳排放量的数据冲击以及图片视频的直观呈现，并连续提问，激发学生思考不环保行为的危害，感知低碳生活的重要性。

◆　**环节二　明形势行环保**　◆

1. 理解国策，明确形势

引导：世界各国都在广泛关注碳排放增加导致全球变暖这一问题。

播放新闻：

新闻1：诺贝尔物理学奖首次颁给气候学家。

新闻2：2023年联合国召开气候雄心峰会，国际社会对减少碳排放广泛关注。

提问：国际社会对碳排问题如此关注，那我国是如何积极应对的呢？

预设：我国提出碳达峰、碳中和的目标。

追问：请同学们谈一谈什么是碳达峰与碳中和。

预设："碳达峰"是指二氧化碳的排放量在某一年达到峰值后不再增长，并逐渐下降。"碳中和"指一段时间内通过各种方式，抵消自身产生的二氧化碳排放，达到相对"零排放"。

师：中国承诺在2030年前实现"碳达峰"，在2060年前实现"碳中和"。

小结：不论是国际社会广泛关注，还是国家政策积极响应，都表明低碳环保，每个人都无法置身事外。

2. 消灭不环保行为，低碳我先行

引导：就像人走路会留下脚印一样，我们的一举一动都会留下碳的足迹。接下来让我们发现身边的问题，拯救不环保。

消灭不环保行为，低碳我先行

1. 根据抽取到的观察角度，发现校园里的不环保行为。

2. 讨论减碳方法并向同学、学校或家长等提出倡议。

3. 记录关键词，小组代表进行分享。

学生以小组为单位抽取观察角度（衣、食、用、行），发现校园中不环保问题并提出节能减排、为实现碳中和贡献力量的解决办法，派代表分享。

教师引导学生总结并记录关键词。关键词有旧衣回收、光盘行动、节能减排、绿色出行等。

小结：大部分同学或多或少地注意到身边的不环保问题且迈出了低碳环保的第一步。接下来就让我们一起探索如何在环保之路上走一步，再走一步。

设计意图 从国际视野到国家政策再到日常校园生活，逐步引导学生自主探究问题。学生不仅能理解低碳环保和国家发展、人类命运的联系，做到着眼社会、心怀天下，还能着眼自己身边，自主讨论，发现、解决不环保的问题。

◆ 环节三 有效环保助双碳 ◆

1. 用到够次数，环保才算数

（1）袋子碳排放比较。

出示塑料袋、纸袋和帆布袋。

提问：三种袋子中，你们觉得哪种最环保？

预设：布袋。

出示三种袋子经历完整的生命周期（生产—包装运输—使用—回收）后所产生的总碳排放量。

种类	总碳排放量
塑料袋	1.6kg
纸袋	5.5kg
帆布袋	272kg

计算帆布袋总碳排放量是塑料袋的多少倍。

预设：170 倍。

（2）播放录音。

录音1：店里出了好多新款布袋子，我要多买几个！

录音2：上周妈妈买的布袋子不符合我的气质，我才不用呢！扔了再买！

提问：这样的行为对环保有效吗？

预设：无效！

（3）播放视频《用到够次数，环保才算数》。

师：有效环保必须将环保产品用到够次数，它的环保使命才算达成。

2. 主动学习小妙招，物尽其用更环保

学生以小组为单位，对纸张进行多次不同的利用，结束后派代表分享。

小结：有效环保要物尽其用。

3. 升级转变多方法，双碳发展两手抓

出示图片：

工厂生产、基础设施建设、温州龙舟基地建造和亚运通勤道路修缮等生产生活的方方面面都会产生碳的排放。

出示网友观点："社会的发展会因节能减排而受到遏制，二者无法平衡。"学生发表对这一观点的看法。

播放《零碳之路》视频片段，了解 2022 年冬奥会如何实现低碳节能。

小结：节能减排、实现碳中和不以牺牲社会发展为代价，而是通过产业转型、生产方式变革、生活方式转变等实现社会高质量发展。

设计意图 通过对袋子素材进行比对、分析和讨论，学习小妙招等，引导学生了解真正有效的环保做法，同时激发学生实现物尽其用的创造力，为实现真正有效的低碳环保提供意识更新和方法指导。

◆ **环节四 三省吾身养习惯** ◆

1. 寻找"最美环保人"

呈现新闻故事，故事内容为温州市"最美环保人"寻访活动及部分环保人的先进事迹。

提问：他们有什么共同点？

预设：他们都坚持做一件环保小事，或在平凡的岗位上为环保做贡献。

师：我们的身边其实也有很多坚持做环保小事的人，请用 2~3 句话推荐你身边的"最美环保人"。

预设：学生推荐自己、同学、老师、家人或环卫工人等成为"最美环保人"，因为他或她总是坚持做一件环保小事，如多次使用环保袋、绿色出行和光盘行动等。

2. 玩转"环保能量球"

教师以椋鸟效应引导学生思考个体的力量。

提问：椋鸟在空中没有"指挥者"，为什么它们能排好队？

预设：每一只鸟都会观察离自己最近的六只鸟，调整自己的飞行方向，从而保持鸟群飞翔的路线一致。

小结：在低碳环保这条路上，我们也可以向身边的人学习，以个体的力量带动更多的人。

请学生课后与家人分享今日所学环保新知识；在"环保账单"上记录环保节能好习惯，投入班级准备的名为"环保能量球"的罐子中。每月，班主任定期从罐子中抽选三位学生为本月"环保小卫士"，并赠予环保布袋作为奖励，由此鼓励学生在生活小事中努力践行环保理念。

3. 赋能"绿色校园"建设

发布小组合作任务，在校园内组织减碳系列活动，助力绿色校园建设。

总结：蝴蝶效应告诉我们，一个微小的变化，能引起整个系统的连锁反应，哪怕是再微不足道的觉醒，也可能影响星球命运的走向。让我们共努力，尽己所能减少碳排放！

设计意图 引导学生将社会热点结合身边的环保榜样力量，学习环保做法，实现价值内省。通过课后与家人分享、记录环保习惯等后续导航式策略推动学生从向家人宣传到校园宣传，从个人任务到小组合作项目，助力双碳，为环保奉献力量，从而实现价值外化。

小小"碳索者"

——低碳生活主题班会

背景分析 ≫

　　生态文明关乎人类生存大计，低碳生活是生态文明建设的重要路径。观察小学生实际生活，常常看到碳排放过多的现象：电器持续运行无人关、食物浪费现象严重、短距离开车出行……种种现象表明，小学生虽然知道低碳生活这一概念，但是不知道低碳生活的方式方法，不明白应该如何科学低碳、智慧低碳。因此，开展低碳生活主题班会是必要的。

班会目标 ≫

　　认知与理解：明白碳排放的含义并直观了解碳排放过多带来的危害。

　　情感与体验：形成生活中处处要低碳的生活态度，增强减碳、低碳意识。

　　意愿与行动：学会节约用、循环用、智慧用，养成低碳生活的好习惯。

班会准备 ≫

　　教师准备家庭废弃环保纸袋 1 个，剪刀、双面胶各 11 份。

板书设计 ≫

　　本次课的板书在课上逐步展示。

班会过程 >>

◆ 环节一 思现象，明确要"碳索" ◆

1. 多角度调查，揭秘"碳"现象

（1）播放视频，了解碳排放危害。

播放视频：

生活中衣、食、住、行、用都会产生碳排放。大量的碳排放使全球气温上升、冰川融化，带来淹没城市等不可估量的危害。

引导：让我们一起做小小"碳索者"，跟着学习小伙伴碳碳开启探索之旅吧！"碳碳号"列车启程啦！（板贴"小小'碳索者'"）

（2）校园碳排放调查。

以图片呈现校园碳排放调查情况。

无人的教室，空调、电灯等持续运行。

操场上随意丢弃的衣服。

浪费严重的午餐食物。

（3）教室碳排放调查。

班级代表以表格形式汇报班级碳排放调查，如电扇持续运行约5小时。

小结：电扇、电脑、空调等都是关于用电的碳排放。（板贴"用"）

2."碳索者"行动：探索"碳"危害

过渡：电扇持续运行约5小时，产生3kg左右的碳排放量，那电灯、空调又产生了多少？

（1）刮排碳卡。

小组活动要求

1. 刮一刮排碳卡，看不同电器产生的碳排放量。

2. 算一算电器的碳排放量总和。

（2）划树体验。

提问：全班一天约产生18kg的碳排放量，相当于消耗了4棵树。那一周、一个月又要消耗多少呢？

小组活动要求

1. 根据一段时间（一周、一个月）产生的碳排放量，用马克笔划去消耗的树木数量。

2. 交流划去树木时的感受。

9月23日四（3）班碳排放调查表		
	具体情况	产生碳排放
电风扇	持续运行约5小时	约3千克
电灯	持续运行约8小时	
投影	持续运行约5小时	
空调	持续运行约8小时	
	总计	约（　）千克

设计意图 视频、调查和刮排碳卡观照现实与情感。通过"刮一刮""算一算""划一划"，冰冷的现实数字转化为树木的消耗现象。当孩子划去树木，看到树木变灰，心里产生情感冲突，充分认识到减少碳排放的重要性和迫切性。

◆ 环节二　校园"碳索"节约用 ◆

1. "碳索者"行动1：聚焦空调使用

（1）头脑风暴。

学生组成小组，讨论减少空调碳排放的小妙招。

教师在学生交流后提炼：

妙招1：少开空调。

妙招2：随手关空调。

妙招3：用电风扇代替空调。

妙招4：温度调高一点。

（2）情境思辨。

提问：①根据课表，哪些课应该关空调？②根据时间表，几点几分关空调？③课间十分钟，关不关空调？

教师将学生交流的结果标注在课表上。

午别	时间	周二课表
上午	8:20—8:55	语文
	8:55—9:30	快乐大课间（关）
	9:30—10:05	数学
上午	10:15—10:55	体育（关）
	11:05—11:40	美术（关）
下午	13:30—14:05	劳动
	14:25—15:00	音乐（关）
	15:10—15:45	道德与法治

播放学习小伙伴碳碳的录音：

26 度是人体适宜的温度，频繁变换空调的温度，耗电量更大，碳排放量也更大。频繁开关耗电量更大，碳排放量也更大。开关空调需要七八百瓦的电，而持续运行只用一两百瓦。

2. "碳索者" 行动 2：聚焦食物现象

提问：如何减少食物的碳排放？（板贴 "食"）

> **小组活动要求**
>
> 1. 讨论减少食物碳排放的小妙招。
> 2. 将妙招写在纸上，汇报后贴在板书 "食" 的位置。

教师在学生交流后提炼：

妙招 1：光盘行动。

妙招 2：大小份。

妙招 3：分餐。

小结：减少碳排放从节约用开始。（板贴 "节约用"）

设计意图 借助 "碳索者" 行动，让学生的低碳小妙招有思维的深度、有方法的广度，也有健康的温度。引导学生迁移方法，从节约用电到节约粮食，知道在各个方面都要实践低碳生活。

◆ 环节三 家庭 "碳索" 循环用 ◆

1. "碳索者" 行动 3：探索循环使用

（1）回收物品。

让学生观察旧衣回收箱图片并思考，除了放入旧衣回收箱，衣服还可以如何循环用？（板贴"衣"）

预设：①给弟弟妹妹穿。②变成抹布。

师：循环回收再利用，衣服的碳排放也能降低。（板贴"循环用"）

提问：在生活中，还有什么东西可以像衣服一样循环用？

预设：书本、纸张、塑料瓶等。

（2）纸袋改造。

小组体验活动"旧纸袋变变变"。

小组合作要求

1. 讨论纸袋可以如何再利用。

2. 利用工具，合作完成纸袋改造。

学生展示改造成果。

小结：收一收、改一改，循环用更低碳、更高效。

（3）歌曲总结。

使用《一闪一闪亮晶晶》的曲调创编歌曲，歌词如下：

少开空调调温度，随手关闭用电扇；

衣服捐献继续用，少买衣服补一补；

节约用和循环用，我们一起来行动。

2. 开展趣味游戏，方法巧应用

教师导入情境，变身"碳碳号"小列车乘务长，对学生说："想上车的孩子请举手回答问题，答对上车，排在老师身后一起开火车。"

出示问题：

1. 家长买了包装十分精美的月饼，好不好？

2. 平时用的练习纸，怎么写？

3. 家长买一堆东西，怎么装？

4. 为了减少浪费，家长继续喝隔夜的水，好不好？隔夜的水还可以怎么用？

引导：低碳生活的前提是以安全为先，隔夜的水不能喝。

设计意图　素材演绎，连接认知与行动。通过结合学生生活实际，激发学生自主想方法解决问题，达成衣服减碳的目的，为循环用奠定基础。通过动手改造纸袋，从真正意义上自己解决"循环用"问题，帮助学生在课堂上落实从"知"到"行"的目标。

◆ 环节四　社会"碳索"智慧用 ◆

1. "碳索者"行动4：探讨智慧出行

妈妈要去附近的超市，爸爸要去公司上班，小明要去图书馆看书。小组观察地图，讨论低碳出行方案，派代表汇报方案。

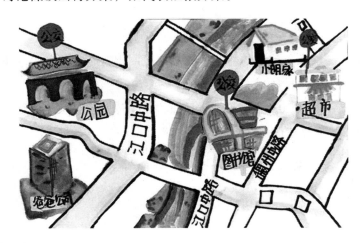

评选低碳方案。

预设：

（1）妈妈走路去超市，小明坐公交去图书馆，爸爸开车去公司。

（2）爸爸开车顺路带着小明和妈妈一起。

小结：短距离出行我们可以骑自行车、坐公交，这样更低碳。长距离出行我们需要开私家车的话，拼车出行更智慧低碳。

2. 情境辨析，认识智慧新能源

（1）辨析对比，认识新能源汽车。

播放情境中小明的录音：

爸爸开车碳排放量最大，还是不要开车了！行不行？

预设：低碳生活不是降低我们的生活质量，而是促进我们与生态环境友好共存。

（2）出示图片，感受新能源汽车好处。

出示图片，内容如下：

新能源汽车电耗为 15kWh/100 km，每行驶 10000 km 产生碳排放量约 0.86t；燃油汽车油耗为 8L/100 km，每行驶 10000 km 产生碳排放量约 2.3t。新能源汽车全生命周期减少碳排放量约 21.7t。

让学生认一认绿色牌照的新能源汽车，比一比新能源汽车的好处。猜一猜新能源汽车减少的碳排放量。

出示结果：截至 2023 年底，我国新能源汽车保有量达 2041 万辆，减少碳排放量约 44289.7 万吨！

3. 展望新能源未来

播放视频：

新能源汽车——绿色出行，拥抱低碳新时尚。新能源工厂——绿色制造，促进低碳可持续发展。新能源发电——绿色能源，为低碳生活增添新动力。集众智、合众力，为实现碳达峰、碳中和共同努力。

总结：在一次又一次的"碳索者"行动中，我们明白了减排无处不在，衣、食、用、行，方方面面都需要我们努力；我们找到了节约用、循环用、智慧用的低碳生活小妙招。我们只有一个地球，爱护这个家园需要你、需要我，让我们一起为绿色生态贡献自己的力量吧！

设计意图 评选家庭出行低碳方案，让学生明白根据需要智慧用；用图片、视频介绍新能源汽车的优势，延伸至生活中的新能源，从宏观角度提升学生低碳认知的高度，激发学生保护地球生态的责任与担当意识。

无废 vlog 生成记

——无废意识养成主题班会

背景分析 >>

《中共中央 国务院关于全面推进美丽中国建设的意见》提出："强化固体废物和新污染物治理。加快'无废城市'建设，持续推进新污染物治理行动，推动实现城乡'无废'、环境健康。"时代要求绿色发展，提高高中生的环保意识，提升他们的生态文明参与意识的相关教育势在必行。校园固废、置废现象严重，无废生态文明教育乃班情所需。

班会目标 >>

认知与理解：了解固废处置现状，明确无废的概念。

情感与体验：感知无废意义，进行清废体验。

意愿与行动：提炼无废的策略。践行无废策略，外化于行。

班会准备 >>

教师在学生寝室收集固废，拍摄视频并剪辑，准备图片素材，设计合作任务等。

板书设计 >>

本次课的板书对应环节二、三的内容。

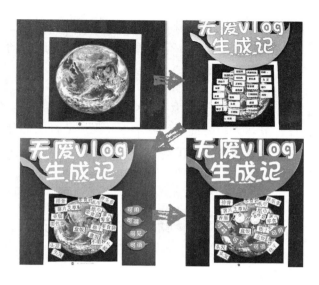

班会过程 »

◆ 环节一 客观呈现·无废行动知于心 ◆

1. 思考：提出无废

师：垃圾污染与处置问题日益严峻。为了宣传环保与生态文明，老师在微博视频号上发了一条用英语播报的关于垃圾污染对环境影响的 vlog，提出了关于垃圾污染的思考，提倡无废的生活理念。然而这条 vlog 无人问津，请同学们分析这条 vlog 出了什么问题？

预设：

（1）无废主题未明，且不是原创作品。

（2）不切近学生实际，解说是英语，有距离感。

（3）图片没有视觉和听觉冲击，配乐太过舒缓。

2. 切题：概念理解

出示无废宣传画册，让学生从宣传画册中快速读取理解无废的关键词。

关键词有源头减量、资源利用、处置安全、良性循环、再生、生态系统平衡、绿色发展方式和生活方式、分享等。

呈现中国无废行动的历史进程图。

小结：中国无废行动起步虽晚，但力度很大。中国无废行动，彰显大国担当与决心。

设计意图 引导学生对教师发布的 vlog 产生质疑与思辨，激发自己拍摄 vlog 的兴趣。同时，提取无废关键词引导学生对无废的概念进行充分理解，用中国无废行动的历史进程图解读中国的大国担当，从而为学生践行无废宣传提供了时代背景信息。

◆ 环节二　真实情境·无废行动见于行 ◆

1. 选材：以行止废

（1）无废行动派。

师：校园无废 vlog 拍摄在即，听从同学们的建议，摄制组走进寝室，却发现寝室存在很多固废问题。摄制组决定举行寝室清废大赛以选拔摄制的寝室。以寝室为单位，一个寝室所有同学一个晚上产生的垃圾，装入垃圾袋，带入课堂。每个小组对自己当晚产生的固废根据垃圾种类进行科学分析，可回收的多的寝室获胜。

三个最优寝室交流无废经验。其他小组的垃圾上墙，覆盖黑板上粘贴的地球。

师：生活中可践行无废四可原则，其中两可是"可见"——全程监控，有序排放；"可减"——源头减量，缓解压力。（板贴"可见""可减"）

（2）清废行动者。

师：黑板上哪些垃圾是可以回收再利用的？

小组讨论，为黑板上的地球清废。小组代表上台为垃圾"消消乐"。可以回收再利用的垃圾按三个一组进行清废，学生思考怎样避免产生这些垃圾。三个垃圾必须是可回收的才能消废。

小组分享该废品将怎么再次利用。消废成功的小组赢得一个循环币。

师：其他两可是"可用"——循环利用，变废为宝；"可消"——消除废物，保护环境。（板贴"可用""可消"）

个人应践行无废"5R"原则：不需要的东西拒绝（refuse）购买，不得不买则减少（reduce）购买量，买回家后反复利用（reuse），无法利用后回收（recycle），堆肥降解不能再使用、修理、回收的物品（rot）。然而，无论怎样清废，我们也已经为地球制造了无法彻底清除的垃圾。

2. 选材：无废大赏

师：拍摄无废 vlog，选材时不仅要关注我们自身，还得放眼社会。我们要思考校园、社会层面哪些无废行为是可以作为 vlog 素材的。

多图展示个人、商家、社会层面的无废行为，如自制笔筒，美国加州的 Bea Johnson 一家每年产生的垃圾竟然不到 200g，咖啡店用纸托代替塑料托，宣传无废艺术品……

小结：放眼社会，无废行为维护了地球的生态文明，宣传无废的艺术品还传承了文化。

设计意图 寝室垃圾收集与清废让学生认识生活中的固废现状。图片展示让学生体会清废的艰巨与意义，并了解无废行为还能传承文化。

◆ 环节三　学优辨难·无废行动鉴于行 ◆

1. 脚本：以身止废

小组合作设计脚本，现场创作无废校园 vlog 脚本，以备后期制作 vlog 发布到微博视频号上。每个小组针对不同的垃圾，设计不同的无废 vlog 脚本，践行无废四可原则。脚本内容须涉及如塑料袋、酸奶杯、小包装袋、矿泉水瓶等如何回收再利用。

出示小组获胜标准：

> **获胜标准**
>
> 1. 针对垃圾回收再利用的无废版本多者获胜。
> 2. 小组呈现形式创新者获胜。

小组通过对塑料袋、酸奶杯、小包装袋、矿泉水瓶等的无废 vlog 脚本设计呈现清废的创想，感受无废校园的美好。

2. 脚本：深度无废

多图呈现零浪费及绿色的生活方式。

引导：从前的日子很慢，车马也很慢。从前的沙发是草编的，它是无废的；从前的我们用玻璃瓶喝汽水，它是可再次利用的；我们到杂货铺里称散装的零食，不会产生小包装袋；我们用自带饭盒吃饭，幸福的童年在可持续的路上。

设计意图 小组合作设计无废校园 vlog 脚本，体验并落实无废的四可原则，让无废的生态文明理念真正走入现实，使生态文明观生成行动指南，并引导学生回望从前的生活，反思并改变现在的生活方式。

◆ 环节四 外化于行·无废行动鉴真行 ◆

1. 反思：以术置废

播放中国社会处理固废的短视频，了解中国处理固废的技术现状。

引导：工业时代的我们何去何从？宣传无废，只是倡导改变生活方式，践行绿色生活是无废的一种方式。无废的另一种深度方式是以术置废，即提高无废技术以适应高科技的社会发展。

多图呈现"没有垃圾，只有资源"的无废技术及中国与国际的无废技术现状。固废资源化手段不足、技术研发不够、固体废弃物资源化路径偏窄、新型废弃物循环利用市场有堵点等。

师：除了以术置废，还应以技置废。然而无废技术现状堪忧，作为中国青年，你们未来能为中国的无废技术做什么？

学生从生涯规划、公民意识、社会协同、社会舆情等方面畅想无废实践行动。

2. 反思：未来无废

引导：倡导无废理念的我们应该与地球建立怎样的联系，去创建更和谐的生态文明？

呈现"我与我的地球"（利用四可原则得到的"循环币"，并用一句话阐述设计理念内涵）。

小结：当我们谦卑地面对自然和我们的地球，当我们用循环的理念处理地球上的固废，地球会给我们更多的能源与滋养。

設計意圖 引导学生在制作无废 vlog 的结尾增加反思部分，反思现代技术之于无废未来的困境，思考未来使命，深化生态文明的历史观。同时，引导学生利用无废四可原则和循环意识体验"生态兴则文明兴，生态衰则文明衰"的历史观，人与自然和谐共生的科学自然观，绿水青山就是金山银山的绿色发展观。